Eberhard Kittler

DDR-Automobil-Klassiker
Band I

Mit Fotos von Karl-Heinz Augustin und Thomas Starck

Eberhard Kittler

DDR Automobil-Klassiker

Band 1

Einbandgestaltung: Sven Rauert

Die Abbildungen auf der Titelseite zeigen einen Melkus RS 1000, einen EMW 327/3 sowie ein P 70 Coupé und einen Trabant P 50/2.

Eine Haftung der Autoren oder des Verlages und seiner Beauftragten für Personen-, Sach- und Vermögensschäden ist ausgeschlossen.

ISBN 3-613-02256-7

1. Auflage 2002
Copyright © by Motorbuch Verlag, Postfach 103743, 70032 Stuttgart.
Ein Unternehmen der Paul Pietsch-Verlage GmbH & Co.
Nachdruck, auch einzelner Teile, ist verboten. Das Urheberrecht und sämtliche weiteren Rechte sind dem Verlag vorbehalten.
Übersetzung, Speicherung, Vervielfältigung und Verbreitung einschließlich Übernahme auf elektronische Datenträger wie CD-ROM, Bildplatte usw. sowie Einspeicherung in elektronische Medien wie Bildschirmtext, Internet usw. ist ohne vorherige schriftliche Genehmigung des Verlags unzulässig und strafbar.

Lektor: Joachim Kuch
Innengestaltung: Anita Ament
Druck und Bindung: Südwest Druck und Verlag, 76131 Karlsruhe
Printed in Germany

Fotonachweis:

Karl-Heinz Augustin (Wartburg 313/2 HS; Wartburg 312; Wartburg 353 W; Wartburg 1.3; Melkus RS 1000)
Eberhard Kittler (EMW 340/2; IFA F8; P 70; Sachsenring P 240; Museen)
Thomas Starck (EMW 327/3; IFA F9; Wartburg Sport 313/1; Trabant P 50/2; Sachsenring Repräsentant; P 610; Trabant 1.1)

Inhalt

Vorwort 6
Sachsens Glanz und Thüringens Gloria

EMW 327/3 Coupé
Ein Lord am Alexanderplatz
8

EMW 340/2 Limousine
Alarm im Zirkus
20

IFA F9 Cabrio-Limousine
Anton der Zauberer
28

Wartburg Sport 313/1
Heißer Sommer
40

Wartburg 313/2 HS (Prototyp)
Trotz alledem
52

Inhalt

Wartburg 312 Limousine
Der Baulöwe
58

Wartburg 353 W Tourist
Karbid und Sauerampfer
66

Wartburg 1.3 Trans (Langversion)
Spur der Steine
76

IFA F8 Export-Cabrio
Der geteilte Himmel
86

P 70 Coupé
Nicht schummeln, Liebling
96

Trabant P 50/2 Limousine
Alfons Zitterbacke
102

Sachsenring P 240
Der Hut des Brigadiers
114

Sachsenring Repräsentant (Unikat)
Der Reserveheld
126

P 610 (Prototyp)
For Eyes only
132

Trabant 1.1 Caro Tramp
Mit mir nicht, Madame!
138

Melkus RS 1000
Das unsichtbare Visier
146

Museen und Sammlungen
Ein Kessel Buntes
158

5

Vorwort

Sachsens Glanz und Thüringens Gloria

Heimlich, still und leise sind die Autos aus der früheren DDR zu ernstzunehmenden Klassikern gereift. Was neben allen ihren Eigenheiten daran liegt, dass nicht mehr viele von ihnen überlebt haben: Die Schrottpresse hat auch hier für einen Engpass gesorgt, der selbst einstige Dutzendware wie den Trabant zu gesuchten Sammlerstücken macht. Einst mit irrwitzig langen Lieferzeiten belegt, wurden die gehätschelten automobilen Lieblinge nach der politischen Wende angesichts begehrter Westwagen zum lästigen Ballast. Und als dann die Rückbesinnung der neuen Bundesbürger einsetzte, die Suche nach den Wurzeln und der eigenen Identität, waren die Trabant und Wartburg von den Straßen verschwunden, hatten sich die Städte jenseits der Elbe äußerlich denen der alten Bundesrepublik angenähert.

Inzwischen schließt die deutschlandweit anhaltende Begeisterung für historische Kraftfahrzeuge die erfrischend ursprünglichen Autos aus Zwickau und Eisenach völlig selbstverständlich mit ein. Und das ist auch gut so. Denn die Automobilhersteller der DDR produzierten bis in die 60er-Jahre hinein trotz Mangelwirtschaft und staatlicher Einschränkungen eine ganze Reihe sehr attraktiver Fahrzeuge. Vor den westlichen Gegenstücken brauchten sie sich nicht zu verstecken. Kein Wunder, hatten doch einige der bekanntesten deutschen Marken – beispielsweise BMW und die Auto Union – ihre Wurzeln in Ostdeutschland. Einige wenige Museen halten das Erbe in Ehren, mittlerweile haben sich auch diverse Marken-Clubs und markenübergreifende Interessengemeinschaften den Autos aus der ex-DDR verschrieben.

Bücher über die zwischen 1945 und 1990 in der Sowjetischen Besatzungszone und später in der DDR gebauten Autos gibt es zuhauf – und sie sollen durch das vorliegende Werk nicht ersetzt, sondern ergänzt werden. Doch bislang fehlte ein Bildband, der diese Fahrzeuge in origi-

Der Autor, Eberhard Kittler (Mitte), und die Zwickauer Museumsmitarbeiter Jürgen Pönisch (rechts) und Gerd Rudorf mit dem Sachsenring Repräsentant

nalgetreuem Zustand vor möglichst authentischer Kulisse in Szene setzt. Zusammen mit den Fotografen Karl-Heinz Augustin und Thomas Starck hat sich der Autor über zwei Jahre lang diesem herausfordernden Thema gewidmet und immer mehr Spaß daran gewonnen. Die Überschriften der einzelnen Kapitel mögen Kennern irgendwie vertraut vorkommen: Hier wurde auf die Titel bekannter Filme der DEFA und des DDR-Fernsehfunks zurückgegriffen, die wenigstens ansatzweise einen Bezug zum Thema erlauben.

Engagierte Mitstreiter mit geeigneten Autos mussten gesucht und von diesem Projekt überzeugt werden. Geht nicht, gibt's nicht – war die Devise auch nach diversen Fehlschlägen. Dies gelang nach anfänglicher Skepsis der Betroffenen über die Maßen gut, so dass am Ende die Qual der Wahl stand: Hier abgebildet und beschrieben werden 16 Wagen, die einen repräsentativen Querschnitt durch vier Jahrzehnte ostdeutscher Automobilgeschichte vermitteln. Vollständigkeit war gar nicht erst angestrebt, dafür sind in der DDR zu viele unterschiedliche Einzeltypen gebaut worden. Autor und Verlag haben sich darum entschlossen, hier noch nicht gezeigte Fotodokumentationen in einem zweiten Band unterzubringen.

Auswahlkriterium für diesen Bildband war zum einen die Verfügbarkeit unverbastelter Autos und die Bereitschaft der Besitzer, sie ablichten zu lassen. Zum anderen sollten die wichtigsten Modellreihen präsentiert werden. Und schließlich ging es darum, die Fahrzeuge möglichst auch in Bewegung zu zeigen – kein einfaches Unterfangen vor allem bei lange eingelagerten Museumsexponaten. Originalität war eine umstrittene Frage, die schließlich ganz pragmatisch beantwortet wurde: Überrestaurierte Autos im Zustand 1 sollten nicht gezeigt werden, sondern gebrauchstüchtige Fahrzeuge, wie sie zu DDR-Zeiten allerorten anzutreffen waren. Der Hintergrund musste dazu passen – ein Anspruch, der vor zehn Jahren gewiss noch leichter zu erfüllen war. Und schließlich sollte nichts überzeichnet oder gar lächerlich gemacht werden: Dies hätte dem Thema nicht gut getan.

Bleibt nur, allen Beteiligten für ihren Einsatz zu danken – allen voran den Wegbereitern des Projekts: Olaf und Marco Brauer, Dr. Dirk Steffens und vor allem Michael Schubert, der unermüdlich und penibel alle recherchierten Fakten hinterfragte, gegencheckte und manchmal nochmals revidierte. Ohne das Engagement dieser Mitstreiter wäre das Buch so niemals zustande gekommen.

Einen besonderen Dank aber auch den über Stunden in Atem gehaltenen Besitzern der hier gezeigten Fahrzeuge: Hartmut und Martina Brunner (IFA F8 Export-Cabrio, Sachsenring P 240), Bernhard Buchwald (P 70 Coupé), Dr. Hans-Dieter Dietrich (EMW 327/3 Coupé, Wartburg Sport 313/1), Berthold Gierrulat (Wartburg 1.3 Trans), Uwe Günther (Wartburg 312 Camping), Werner und Karsten Pfau (IFA F9 Cabrio-Limousine, Trabant P 50/2), Karsten Strobach (Wartburg 312), Reinhard und Monika Schweipert (Wartburg 312), Ulf Zenner (EMW 340/2) sowie dem August-Horch-Museum in Zwickau in Gestalt der Herren Rudolf Vollnhals, Jürgen Pönisch und Gerd Rudorf (Sachsenring Repräsentant, P 610, Trabant 1.1 Caro Tramp). Von den vorgenannten Projekt-Wegbereitern stammen der Wartburg 313/2 HS, der Wartburg 353 W Tourist und der Melkus RS 1000.

Bedanken wollen sich Autor und Verlag auch bei der Mediothek der Universität Oldenburg, die ein Bestandsverzeichnis aller DEFA-Filme zusammengetragen und ins Internet gehoben hat. Wertvolle Hilfe leisteten weiterhin drei Fachleute, deren schwergewichtige Standardwerke ohnehin zur Grundausstattung der Szene gehören: Horst Ihling, Professor Dr. Peter Kirchberg und Michael Stück. Bei sich widersprechenden Stückzahlen wurden in aller Regel die Angaben des sauber recherchierten Kirchberg-Buches „Plaste, Blech und Planwirtschaft" zugrunde übernommen. Besondere Erwähnung verdienen ferner die klärenden Informationen von Dr. Hans-Dieter Dietrich, Sven Heering, Lars Leonhardt, Rolf Ihling und Wolfgang Fleischer (Militärhistorisches Museum Dresden).

Danke auch für die Geduld mitunter arg verblüffter Autofahrer zwischen Brandenburg, Thüringen und Sachsen, die unseretwegen Verkehrsverzögerungen hinnahmen, für die Langmut spontan verpflichteter Statisten und für das augenzwinkernde Verständnis einiger (Volks-) Polizisten, die keinen Anstoß an den nicht mehr ganz aktuellen DDR-Nummernschildern unserer Fotoautos nahmen.

Ein eleganteres Auto als den klassischen BMW 327 gab es wohl nie. Seine Fertigung köchelte nach dem Krieg im jungen Arbeiter-und-Bauern-Staat auf kleiner Flamme weiter. In limitierter Stückzahl entstand dann von 1952 bis 1955 bei den Eisenacher Motoren-Werken auch das Coupé. Genau das Richtige für einen gut gekleideten Herrn in den besten Jahren. Den Wiederaufbau seines desolaten Schmuckstücks erkor er zur Herzenssache.

Makellose Eleganz kennzeichnet das noble Coupé, das hier mit einer gechoppten Touren-AWO aus den 50er-Jahren posiert (Seite 8/9). Geteilte Frontscheibe, Instrumententräger aus Holz und steilstehendes großes Lenkrad sind Zeugnisse einer fast vergessenen Epoche

Nur ganz wenige Fahrzeug sind so gekonnt geformt, dass sie auch Jahrzehnte nach ihrem Debüt als zeitlos durchgehen. Der BMW 327 ist so ein Glücksfall. Dabei sollte es völlig unerheblich sein, ob das Auto vor oder nach dem Krieg gebaut wurde – meint Dr. Hans-Dieter Dietrich aus Hoyerswerda, Eigner des originalrestaurierten Coupés von 1955: „Für mich stand von Anfang an fest, dass mein Auto ein EMW mit den rot-weißen Landesfarben Thüringens bleiben soll. Es sollte nicht in einen BMW mit dem weiß-blauen Propeller umgemodelt werden, wie es in der DDR zur Aufwertung des Prestiges allgemein üblich war".

Solche Bedenken waren dem „Lord am Alexanderplatz" völlig fremd. Als Geschäfte machender Charmeur und eiskalt berechnender Herzensbrecher kam er in Gestalt des Schauspielers Erwin Geschonneck in einem DEFA-Streifen 1967 auf die Leinwand. Und ein solches Coupé hätte ihm wohl gut zu Gesicht gestanden – allerdings wäre für ihn bestimmt nur ein Original-BMW in Frage gekommen. Aber groß waren die Unterschiede zwischen beiden Wagen ja nicht.

Seine größte Zeit erlebte der Typ 327 natürlich in den 30er-Jahren, als die Bayerischen Motoren-Werke mit immer neuen Kreationen den Markt aufmischten. Fertigungsstätte war nicht etwa München, sondern Eisenach in Thüringen – denn die Bayern waren erst durch die Übernahme des früheren Dixi-Werks zum Automobilproduzenten geworden. Nach tausendfach verabreichter Limousinen-Normalkost erschien im November 1937 das 2+2sitzige 327 Sport-Cabriolet mit Einbauwinkern vor den vorn angeschlagenen Türen.

Im Oktober 1938 gesellte sich schließlich die geschlossene Version hinzu – als 327 und 327/28 Sport-Coupé (55 bzw. 80 PS). Die Preisliste wies 50 Mark Preisminderung gegenüber dem viel populäreren Cabrio aus. Anders als bei der offenen Ausführung waren die seitlichen Pforten aber hinten angeschlagen („Selbstmördertüren"), und die Winker saßen hinter den Türen. Motoren und Fahrgestelle blieben stets ureigenste Sache von BMW; die Karosserien lieferte die US-amerikanische Firma Ambi-Budd aus ihrem europäischen Zweigwerk in Berlin-Johannisthal. Alles in allem ent-

EMW 327/3 Coupé

Ein Lord am Alexanderplatz

Mit dem Vorkriegstyp 327 hatte bei BMW die Ära der in die Karosserie integrierten Scheinwerfer begonnen. Anhand des rot-weißen Firmenzeichens oberhalb des polierten Grillgitters ist dieses Fahrzeug sofort als EMW aus Nachkriegsproduktion auszumachen

Diese Karosserieform ist zeitlos jung. Die Häuserzeile entstand übrigens zur gleichen Zeit wie das EMW-Coupé

standen 1.124 Sport-Cabrios und 179 Sport-Coupés mit 55-PS-Motor; von der 80-PS-Variante wurden 482 offene und 86 geschlossene Exemplare ausgeliefert. In Summe macht das 1.871 Einheiten des BMW 327, davon gerade mal 265 Coupés.

Während die Münchner Fertigungsstätten nach dem Krieg von den Amerikanern beschlagnahmt blieben und an eine Automobilproduktion nicht zu denken war – sie begann erst 1952 –, erlagen die russischen Besatzer des Werks Eisenach der Faszination der Marke. Zunächst für ihren Eigenbedarf erlaubten sie schon ab Ende 1945 die Manufakturfertigung von Vorkriegslimousinen. Dies konnte nur gelingen, weil noch funktionsfähige Karosseriepressen von Ambi-Budd nach Thüringen gebracht werden durften. Das Werk firmierte vorerst als Automobilfabrik innerhalb der sowjetischen „Aktiengesellschaft für Maschinenbau vormals BMW" und danach als „Staatliche Aktiengesellschaft Awtowelo Werk BMW Eisenach".

Weil die Thüringer inzwischen auch einige Fahrzeuge ins westliche Ausland verkaufen konnten und Devisen in Ostdeutschland mehr als willkommen waren, wurden in Thüringen 1949 aus Vorkriegs-Restteilen probehalber 16 Exemplare des Sport-Cabrios zusammengebaut – offizielle Bezeichnung: BMW 327/1. Sie waren nur mit 55-PS-Motor zu haben; überlebende 80 PS starke Sechszylinder gingen in den Rennsport.

Nachdem sich eine entsprechende Nachfrage abzeichnet, nahmen die Eisenacher ab Mitte 1952 den 327 ins

EMW 327/3 Coupé

Ein Lord am Alexanderplatz

Fertigungsprogramm – zunächst als Cabrio. Im Unterschied zu den 16 Nachbauten hieß es „EMW 327/2 Sport-Cabriolet". Nach der Rückübereignung durch die Sowjets lief das thüringische Werk ab Juni 1952 als „VEB IFA Automobilfabrik EMW Eisenach". Ab August trugen wegen eines verlorenen Prozesses in Sachen BMW-Warenschutzrecht alle Modelle die Bezeichnung EMW im rot-weißen Logo. Die Karosseriefertigung des 327 übernahmen der VEB Karosserie-Werke Dresden KWD (vormals Gläser-Karosseriewerk), dem die entsprechenden Ambi-Budd-Gesenkwerkzeuge zur Verfügung gestellt wurden.

Im Unterschied zur bisherigen Ausführung hatte der EMW 327 eine hinten angeschlagene, sogenannte Alligator-Motorhaube. Die Seitenteile blieben stehen, während sie beim BMW 327 mit hoch schwenkten. Das Karosseriegerippe bildete ein mit Blech beschlagener Holzrahmen. Die Ganzstahl-Türen blieben vorn angeschlagen, aber nun waren die Winker in die B-Säule gewandert. Statt der stromlinienförmigen Positionsleuchten auf den Vorderkotflügeln saßen viereckige Positionsleuchten unter den Scheinwerfern. Genau wie bei den letzten Nachkriegs-Modellen zog sich eine eingeprägte Sicke durch die Kotflügel vorn und hinten. Neu waren die schwarz unterlegten Bordinstrumente und das Lenkrad, die aus der parallel produzierten EMW 340 Limousine übernommen wurden. Vor allem aber kam nun der auf 57 PS erstarkte, von zwei Fallstromvergasern beatmete Motor des Typ 340 zum Einsatz.

Unter der Alligator-Haube verbirgt sich der von zwei Fallstromvergasern gespeiste 57-PS-Sechszylinder

Klassisch elegant wirken die in der B-Säule untergebrachten Winker. Die Stahltüren des Coupés sind, anders als bei der Vorkriegsausführung, nunmehr vorn angeschlagen

EMW 327/3 Coupé

Ein Lord am Alexanderplatz

1953 erschien schließlich die wohl schönste Version – das 327/3 Coupé. Gegenüber dem Vorkriegsmodell waren die Türen nunmehr vorn angeschlagen. Und das Heckfenster war im Unterschied zum geteilten Fensterchen des Ur-Coupés deutlich vergrößert worden. Der Tankstutzen, der vor dem Krieg seitlich aus dem Karosserieheck herausragte, wanderte nach dem Beispiel des 326-Vorkriegs-BMW unter den Zierdeckel des klappbaren und abschließbaren Reserverads. Der Kofferraum war nur von innen zugänglich, indem man die Sitzlehne herunterklappte.

Bis zur Produktionseinstellung Ende 1955 wurden nur ganze 152 Coupés ausgeliefert – nicht viel gegenüber den 334 Cabrios aus Eisenach und Dresden. Die Endmontage in Sachsen erfolgte stets auf den zugelieferten Fahrgestellen. Bisher hatten übrigens selbst sorgfältig recherchierte Bücher stets die Zahl von 350 Cabrios vermeldet – die Differenz ergibt sich aus einem Abgleich zwischen Produktionsstatistik und Fahrgestellauflistung. Offensichtlich wurden diverse Fahrgestelle und Karosserieteile an BMW/EMW-Werkstätten verkauft und dort montiert, beispielsweise bei den Firmen Nicht in Dresden und Klemm in Freiberg.

Das im Ursprungsjahr 1953 produzierte Coupé-Unikat ging 1953 nach Belgien. Im Folgejahr verließen 31 geschlossene Exemplare die Fertigung, sie verschwanden sämtlichst in den Export. 1955 wurden die letzten 120 Stück fertig. Dem Hörensagen nach soll eines jener letzten Exemplare vom belgischen König geordert worden sein, eines kaufte Dichterfürst Bertold Brecht, Herr über das Berliner Ensemble. Die letzten sechs Coupés entstanden im Oktober 1955, das hier gezeigte Fahrzeug stammt aus dem Juni.

Erworben hatte es ein leitender Arzt aus Chemnitz: Mit einem Preis von 18.590 Ost-DM war es noch teurer als das Cabrio. Ein kaufmännischer Angestellter in verantwortlicher Position verdiente damals etwa 400 Mark monatlich. Der Mediziner erfüllte sich mit dem Auto einen Traum und lehnte das Angebot der zuständigen HO-Filiale ab, doch lieber einen repräsentativen Pobjeda sowjetischer Herkunft zu kaufen. Bis 1957 war er mehrfach mit jenem blau-schwarzen EMW

Der Tankstutzen sitzt unterm Zierdeckel des klappbaren Ersatzrads. Beachtenswert die große Heckscheibe

327/3 Coupé in West-Deutschland und Österreich unterwegs und erntete „Anerkennung und Staunen", wie der heutige Besitzer des Autos von ihm erfuhr.

Der hatte sich im Sommer 1956 auf einer uralten Fichtel & Sachs von Dresden nach Gotha in Thüringen gequält. Sechs Stunden brauchte der junge Student für den 240 Kilometer langen Autobahnabschnitt. „Ich habe nie vergessen, wie da ein 327er Coupé an mir vorbeihuschte", bekannte Dr. Dietrich später. Vielleicht war es ja „sein" Auto, das er erst viele Jahre später erstehen konnte.

15

„Eisenacher Motorenwerke" heißt es auf der Radkappe, ansonsten ist die Verwandtschaft des Firmenlogos mit dem von BMW nicht wegzudiskutieren

Weil er keinen Studienplatz für Kfz-Technik bekam, sattelte er um auf Betriebswirtschaft. Als Ausgleich baute er nach dem Studium im Laufe der Jahre eine kleine Oldtimersammlung auf. Und immer mal wieder traf er auf völlig desolate 327er, überwiegend Cabrios. „Diese Autos hätten meine Möglichkeiten zur Eigeninstandsetzung bei weitem überschritten", schätzte er ein, träumte aber weiter davon. Zufällig stieß er 1980 wieder auf ein solches Wrack – „als ich die bestechend schöne Heckform des Coupés sah, war ich nicht mehr zu halten". Der Kauf wurde perfekt gemacht, zu bis heute geheim gehaltenen Konditionen.

Aber das Auto befand sich am unteren Ende der Zustandsskala für Oldtimer, war es doch vom Vorbesitzer nach Schäden an Motor und Vorderachse im Freien abgestellt und mit einer undichten, nicht einmal atmungsaktiven Plane abgedeckt worden. „Die ideale Bedingung für den perfekten Gammel – aber glücklicherweise waren die Vorbesitzer keine Bastler, so dass alles original war, einschließlich des Lacks." Mit einem geliehenen Barkas B 1000 wurde das Auto die 70 Kilometer bis Hoyerswerda geschleppt. Trotz einiger Kontrollen der Technik zwischendurch verabschiedete sich kurz vorm Ziel das linke Vorderrad, doch mit viel Glück behielt der auf der Bremstrommel eiernde EMW seinen Kurs bei.

Auch höhere Geschwindigkeiten meistert das Coupé souverän und mühelos. Sein satter Klang ist beeindruckend, seine äußere Erscheinung respekteinflößend. Die schmalen Reifen und die Trommelbremsen verlangen indes eine vorausschauende Fahrweise

EMW 327/3 Coupé

Ein Lord am Alexanderplatz

17

Bis zum 100jährigen Jubiläum des Automobilbaus in Eisenach anno 1998 sollte der EMW fertig sein, und 2002, mit dem Erreichen des Rentenalters, hoffte sein Besitzer, damit an einem BMW-Oldtimertreffen in West-Deutschland teilnehmen zu können. Dr. Dietrich musste so weit in die Zukunft planen, weil unter DDR-Bedingungen eine Restaurierung mehr als nur Geld und ein paar Beziehungen erforderte. Handwerker schraubten lieber an Neufahrzeugen – das war lukrativer. „Manche vertrösteten mich auf ihr Rentenalter, dann würden sie eventuell Aufträge annehmen", entsinnt er sich. Ein Kraftfahrzeugingenieur wagte sich zwar an den Auftrag, warf aber nach der Demontage das Handtuch. Drei Jahre waren verstrichen, dann gelang Dr. Dietrich ein Tauschgeschäft: Ein Karosseriebauer übernahm die Restaurierung von Holz und Blech des 327 und bekam dafür einen BMW 315 aus der Sammlung des Diplomwirtschaftlers.

Als er aber beim ersten gemeinsamen Treffen des BMW-Veteranenclubs mit Teilnehmern aus der DDR nach dem Fall der Mauer wirklich perfekt restaurierte Fahrzeuge sah, stachelte das seinen Ehrgeiz an. Im neuetablierten Restaurierungsbetrieb des früheren Europameisters im Motorboot-Rennsport, Peter Rosenow, ließ er das Auto nochmals komplett aufarbeiten. „Ich legte größten Wert auf Originalität", sagt Dr. Dietrich stolz, „das bezog sich sowohl auf die 6-Volt-Elektrik als auch auf die 130-Watt-Lichtmaschine aus den Elektro-Apparate-Werken J.W. Stalin, Berlin-Treptow, auf den dazu passenden 130-Watt-Regler, die Hebelstoßdämpfer, die Reifendimensionen, die Farbzusammenstellung Schwarz-Enzianblau mit karminroten Sitzen, den nicht leistungsgesteigerten Motor mit Originalkolben sowie die Signaleinrichtungen. Einziges Zugeständnis an die Moderne waren ein zusätzlicher Ölfilter, die vorgeschriebene Warnblinkanlage sowie eine elektrische Benzinpumpe zur Unterstützung des Startvorgangs."

Dann und wann darf das Auto auf die freie Wildbahn. Imposant, wie locker der feine Motor zur Sache kommt, mit schmatzendem Geräusch Gas annimmt und sich das Auto mit tief brummendem Auspuffton in Bewegung setzt. Das rosshaargepolsterte Gestühl vermittelt zwar kaum Seitenhalt, wirkt aber erfreulich straff. Das blattgefederte Fahrwerk – hinten mit Schwingachse – gibt sich relativ hart, begrenzt aber die Neigung der Karosserie in Kurven. Natürlich verlangen die schmalen Reifen und die kraftvoll zu tre-

Daten & Fakten: EMW 327/3 Coupé

▶ **Motor:** Sechszylinder-Reihenmotor längs hinter der Vorderachse; über seitliche Nockenwelle (Duplex-Kette) gesteuerte hängende Ventile; Hubraum 1971 cm³; Bohrung x Hub 66,0 x 96,0 mm; Leistung 57 PS bei 3750/min; max. Drehmoment 110 Nm bei 2500/min; Verdichtung 6,1 : 1; siebenfach gelagerte Kurbelwelle; zwei Fallstromvergaser Solex 32 PBI, später BVF F 32/3-1; Druckumlaufschmierung (4,5 Liter Öl); Wasserkühlung (Pumpenumlauf, 9 Liter); Batterie 6V 84 Ah; Gleichstrom-Lichtmaschine 130 W.

▶ **Kraftübertragung:** Heckantrieb, teilsynchronisiertes Vierganggetriebe (I. 3,85; II. 2,38; III. 1,54; IV. 1,0; Antriebsübersetzung 3,90; Freilauf im I. u. II. Gang) unter dem Fußraum, Knüppelschaltung in Wagenmitte; Einscheiben-Trockenkupplung.

▶ **Karosserie/Fahrwerk:** Kastenrahmen mit Stahlblech-beplanktem Holzgerippe verschraubt, Einzelradaufhängung vorn mit untenliegender Querfeder und oberen Doppellenker-Armen mit integrierten Öldruck-Stoßdämpfern; hinten Starrachse mit Halbelliptik-Längsfedern und Hebel-Öldruck-Stoßdämpfern; Einkreisbremsanlage (Trommeln), 5.50-16-Reifen auf 3.0 D x 16-Rädern (optional 6.00 x 16 auf 4.0 E x 16); Zahnstangen-Lenkung.

▶ **Maße/Gewichte:** Länge / Breite / Höhe 4550 / 1620 / 1400 mm; Radstand 2750 mm, Spurweite v/h 1300 / 1300 mm; Leergewicht 1120 kg; zul. Gesamtgewicht 1480 kg; 50 Liter Kraftstofftank (im Heck).

▶ **Fahrleistungen/Verbrauch:** Höchstgeschwindigkeit 125 km/h; Verbrauch 11,5 Liter / 100 km.

▶ **Bauzeit/Stückzahl:** 1952 - 1955 (327/2 und 327/3); insgesamt 486 Exemplare aus Eisenach und Dresden (davon 152 Coupés).

EMW 327/3 Coupé

Ein Lord am Alexanderplatz

tenden Bremsen eine vorausschauende Fahrweise. Die Schaltung des teilsynchronisierten Vierganggetriebes mit dem langen, gekröpften Hebel erfordert einige Übung, der Freilauf im ersten und zweiten Gang ist nicht abschaltbar. Wirklich Kraftaufwand ist aber für die Lenkung notwendig. Und nie vergessen werden sollte die Zentralschmierung, die bei trockener Witterung alle 50, bei Nässe sogar alle 30 Kilometer per Fuß zu betätigen war.

Nur wenige DDR-Bürger kamen in den Genuss dieses aristokratischen Neufahrzeugs, das auf „Anerkennung und Staunen" stieß

Wer jedoch ein solches Fahrzeug sein eigen nennt, den schert das nicht. Und er hat wohl ohnehin nicht mehr viel Wünsche offen. Denn er hat sich für die feine, aristokratische Art der Fortbewegung entschieden – auch wenn dies mitunter etwas antiquiert wirken mag. Aber Adel verpflichtet.

EMW 340/2 Limousine

Alarm im Zirkus

Auf Basis der meistverkauften BMW-Limousine der Vorkriegszeit bauten die Eisenacher bis Anfang 1955 den Typ 340. Die großen Sechszylinder-Wagen waren tausendfach als Behördenfahrzeug unterwegs. Auch bei der Polizei – sie ging mit den robusten und geräumigen Kommandowagen auf Verbrecherjagd: Der obligate Suchscheinwerfer tauchte Tatort und Ganoven in gleißendes Licht.

„Westberliner Gangster versuchen, wertvolle Pferde aus dem Zirkus Barley zu stehlen. Mit Hilfe einiger Jungen kann die Ostberliner Volkspolizei dieses Vorhaben verhindern", so hieß es im Kurztext zum DEFA-Film „Alarm im Zirkus" von 1954. Erwin Geschonneck und Ulrich Thein vertrauten auf die Grünen Minnas der Polizei, in denen sich schon mal vier Bösewichter auf die hinteren Sitzbank quetschen ließen. Der EMW-Fußraum hinten war enorm groß, die Ellbogenfreiheit reichte selbst für drei beleibte Schiebertypen. Noch bis weit in die 60er-Jahre hinein blieben die EMW 340 in Staatsdiensten oder waren als Taxi unterwegs. Nur wenige der großen Limousinen gelangten in Privathand: In der DDR waren 1950 gerade mal 76.000 Pkw zugelassen. 1955 stieg die Zahl auf 117.000, und erst 1960 waren 300.000 Autos im Umlauf. Der BMW / EMW 340 beeinflusste diese Statistik allerdings kaum: Insgesamt entstanden zwischen 1949 und Anfang 1955 knapp 21.000 Einheiten davon. Fast 13.000 entfielen auf den modernisierten 340/2.

Dass sie überhaupt gebaut werden konnten, verdanken die Eisenacher Automobilbauer nicht zuletzt jenem Mr. Edward G. Budd aus Philadelphia/USA. Hätte er im Jahr 1926 nicht in das europäische Presswerk Ambi-Budd in Berlin-Johannisthal gegründet, wäre es wohl kaum zum Nachkriegs-EMW gekommen. Die Firma hatte für BMW in den 30er-Jahren einen Großteil der Serienkarosserien geliefert; Spezialität des Werks war die komplette Aufbaufertigung aus gepressten Blechteilen. In größerer Stückzahl gefertigte Limousinenkarosserien wie die des BMW 326 machten das Geschäft des Hauses aus. Nach Kriegsende befand sich das teilweise zerstörte Werk in der sowjetischen Besatzungszone. Den Eisenachern wurde aber erlaubt, die Presswerkzeuge nach Thüringen abzutransportieren; im früheren Werk siedelte sich nun das Rennkollektiv Johannisthal an.

Die Entwicklungsarbeiten auf Basis des viertürigen BMW 326 waren im September 1947 angelaufen, nachdem das Werk bis dahin in Handarbeit fast aus-

EMW 340/2 Limousine
Alarm im Zirkus

schließlich den 321-Zweitürer gefertigt hatte. Der Weiterbau des Typs 326 A war nach wenigen Exemplaren aufgegeben worden, obwohl man 1946 noch mit sage und schreibe 1.400 Einheiten (Verkaufspreis laut interner Kalkulation vom 4. April: 7.605 RM) gerechnet hatte. Für den 321 sprach, dass er ohne hintere Drehstabfederung, Zweivergaser-Anlage und Langhals-Getriebe auskam – alles Features vom 326, die nur mit viel Aufwand und nicht immer im Rahmen der Legalität in den westlichen Besatzungszonen hätten „organisiert" werden müssen. Schließlich entschied man sich doch für einen großen Viertürer, der sich aber vom BMW 326 unterscheiden sollte.

Am 25. April 1948 waren die ersten zwei Prototypen namens BMW 340-0 fertiggestellt. Erstmals der Öffentlichkeit präsentiert wurde die „Innenlenker-Ganzstahl-Limousine" im Februar 1949 in Brüssel. Ausgiebige Probefahrten im Rahmen einer harten, aber öffentlich abgehaltenen 10.000-Kilometer-Zuverlässigkeitsfahrt vom 17. September bis 10. Oktober 1949 sollten Erkenntnisse für letzte Korrekturen bringen.

Die ausstellbaren Fensterchen oberhalb der Winker waren ein Vorgriff in die Moderne. Gut zu sehen die Zeituhr auf der rechten Seite des Instrumententrägers

Auch der große Fünf- bis Sechssitzer entstand zu Füßen der Wartburg (Seite 20/21). Mit genügend Anlauf schwingt er sich bis zu einem Spitzentempo von 120 km/h auf

Absolut zeittypisch ist der drehbare Suchscheinwerfer mit integriertem Außenspiegel

Der hinter der Vorderachse installierte Sechszylinder wurde auch im EMW 327 eingesetzt

Wunschtermin für die Fertigung der Limousine war der 7. Oktober 1949, der Gründungstag der DDR. Die Herstellung lief dann mit Hilfe der Ambi-Budd-Werkzeuge sowie einiger Pressen und Maschinen aus eigenen, in Kali-Schachtanlagen zwischengelagerten Beständen an.

Rahmen und Fahrwerk der 321-Vorkriegskonstruktion hatte man im Wesentlichen beibehalten, aber mit hinterer Drehstabfederung wie beim 326 modernisiert. Die Karosserie von der A-Säule bis zum leicht überarbeiteten Heck war nahezu identisch mit dem 326-Aufbau. Neu war die verbreiterte Front mit den zehn quer angeordneten Chromleisten, den weit geschwungenen Kotflügeln und den integrierten statt der freistehenden Scheinwerfer. Die Motorhaube öffnete jetzt nach vorn. Der vordere Teil des Autos wurde sehr geschickt an den bekannten Karosseriekörper angepasst. Allerdings mussten auch die vorderen Selbstmördertüren entsprechend geändert werden. Manch zeitgenössischer Beobachter glaubte in der Karosseriegestaltung Anklänge zum englischen Bristol zu erkennen.

Anfangs sollte der BMW 340 mit der stets geteilten Frontscheibe sogar Ausstellfenster vorn bekommen, ihr Einsatz beschränkte sich aber auf die Prototypen. Es blieb jedoch bei den hinteren seitlichen Ausstellfenstern mit den darunter platzierten Winkern und bei der geteilten kleinen Heckscheibe. Das Dach bestand übrigens nie komplett aus Blech, weil solche großen Partien damals noch nicht herzustellen waren: Hier saß entweder ein großes Textilfaltdach, oder die Öffnung wurde mit stabilisierendem Draht und Gewebe verschlossen und in Wagenfarbe lackiert. Der Kofferraum war von außen zugänglich, das Reserverad befand sich abgeteilt unter dem Zwischenboden.

Der Motor lehnte sich ans 326-Triebwerk an, das die gleiche Basis hatte wie der Typ 321. Statt zweier Steigstromvergaser bekam der neue 340 zwei Solex-Fallstrom-Mixer. Wegen der Embargopolitik im Zuge des Kalten Kriegs wurde ihre Beschaffung extrem schwierig; schließlich führte man sie illegal aus West-Berlin ein. Einige weitere Feinarbeiten entlockten dem Motor letztlich 55 statt 50 PS. Rund 120 km/h Spitze waren möglich, empfohlen wurden 105 km/h Autobahn-Dauergeschwindigkeit. Dazu kam ein neues Getriebe mit verlängertem Abtriebhals, das aber eine verkürzte Kardanwelle zur Folge hatte. Das Getriebe – übrigens das gleiche, das im 327 aus Nachkriegsproduktion saß –, orientierte sich an der ZF-Konstruktion, war im dritten und vierten Gang synchronisiert und verfügte über einen nicht sperrbaren Freilauf in der ersten und zweiten Schaltstufe.

Anstelle der bisherigen Knüppelschaltung mit dem langen, gekröpften Schaltstock in Wagenmitte befand sich der Schalthebel nun der aktuellen Mode entsprechend am Lenkrad. Überhaupt war das Interieur behutsam aktualisiert worden. Das Auto hatte bereits ein Vierspeichenlenkrad und rechteckig eingefasste Einzelinstrumente bis hin zur Zeituhr im Deckel des

EMW 340/2 Limousine

Durchgehende Sitzbank, Vierspeichenlenkrad und rechteckig eingefasste Instrumente à la BMW 335

Handschuhfachs, abgeleitet vom einstigen Vorkriegs-Luxustyp 335.

Auch vom BMW 340 gingen Hunderte von Limousinen in die Sowjetunion und an die sowjetische Militärverwaltung in der DDR – seriöse Quellen sprechen von zwei Drittel der Gesamtproduktion. Interessanter waren die westlichen Exportmärkte, auf denen der damals einzige BMW-Neuwagen kräftig wilderte. Allerdings untersagte Ende 1951 ein Düsseldorfer Gericht auf Veranlassung von BMW München dem westdeutschen Importeur die Nutzung des weiß-blauen Logos. In jenem Jahr wurde für bestimmte Exportmärkte die Verdichtung des Sechszylinders von 6,0 auf 6,1:1 angehoben, dazu kamen andere Ansauggeräuschdämpfer und größere Vergaser. Damit waren immerhin 60 PS möglich. Die damaligen Haupt-Exportländer hießen Belgien, Luxemburg, die Niederlande, Dänemark, Norwegen, Finnland, die Schweiz und West-Deutschland. Einige wenige 340er gingen auch auf exotischere Märkte wie Peru, Venezuela, Angola oder Indonesien. Es wurden überdies eine Handvoll Rechtslenker-Limousinen gebaut.

Gegenüber dem BMW 326 ist die Front des Typ 340 neu gestaltet. Zehn quer angeordnete Chromleisten statt der Doppelniere, integrierte Scheinwerfer und nicht zuletzt das EMW-Logo helfen bei der Identifizierung

1951 erfuhr der Wagen auch für den Binnenmarkt eine Auffrischung. Sie vollzog sich schrittweise und begann erst zur Jahresmitte. Die offizielle Statistik nennt fälschlicherweise schon 1950 als erstes Einsatzjahr, ebenfalls unrichtig ist eine Datierung auf 1952. Der aufgefrischte Wagen hieß BMW 340/2, erst nach der Umbennung des Werks in „VEB IFA Automobilfabrik EMW Eisenach" wurde die Bezeichnung EMW 340/2 verwendet. Das rot-weiße Logo wurde ab August 52 verwendet. Der Motor erstarkte dank neuer Vergaser und eines optimierten Ansauggeräuschdämpfers auf 57 PS. Neu waren die Heizungs- und Defrosteranlage

Daten & Fakten: EMW 340/2 Limousine

▶ **Motor:** Sechszylinder-Reihenmotor längs hinter der Vorderachse; über seitliche Nockenwelle (Duplex-Kette) gesteuerte hängende Ventile; Hubraum 1971 cm³; Bohrung x Hub 66,0 x 96,0 mm; Leistung 55 PS bei 3750/min (340/2: 57 PS bei 4200/min); max. Drehmoment 112 Nm bei 2500/min; Verdichtung 6,0 : 1 (340/2: 6,1 : 1); siebenfach gelagerte Kurbelwelle; zwei Fallstromvergaser Solex 32 PBJ oder Palas F 30 (340/2: BVF F 32/3-1); Druckumlaufschmierung (4,5 Liter Öl); Wasserkühlung (Pumpenumlauf, 7,5 Liter / 340/2: 9,0 Liter) ; Batterie 6V 84 Ah; Gleichstrom-Lichtmaschine 130 W.

▶ **Kraftübertragung:** Heckantrieb, teilsynchronisiertes Vierganggetriebe (I. 3,85; II. 2,38; III. 1,54, IV. 1,0; Antriebsübersetzung 4,55; nicht sperrbarer Freilauf im I. u. II. Gang) unter dem Fußraum, Lenkradschaltung; Einscheiben-Trockenkupplung.

▶ **Karosserie/Fahrwerk:** Kastenrahmen mit Ganzstahlkarosserie verschweißt; Einzelradaufhängung vorn mit untenliegender Querfeder und oberen Doppellenker-Armen mit integrierten Öldruck-Stoßdämpfern; hinten Starrachse in Banjo-Bauform an Querhebeln mit hydraulischen Stoßdämpfern, Dreieckstrebe vom hinteren Rahmenquerträger zum Achsgehäuse als Achsabstützung, zwei Drehstäbe längsliegend; Einkreisbremsanlage (Trommeln), 5.50-16-Reifen auf 3.5 D x 16-Rädern (optional 6.00-16 auf 4.0 E x 16); Zahnstangen-Lenkung.

▶ **Maße/Gewichte:** Länge / Breite / Höhe 4600 / 1765 / 1630 mm; Radstand 2870 (340/2: 2884) mm, Spurweite v/h 1300 / 1400 mm; Leergewicht 1280 kg; zul. Gesamtgewicht 1700 kg; 65 Liter Kraftstofftank (im Heck).

▶ **Fahrleistungen/Verbrauch:** Höchstgeschwindigkeit 120 km/h; Verbrauch 11,5 Liter / 100 km.

▶ **Bauzeit/Stückzahl:** 1949 - 1955 (340/2 ab 1951), 20.953 Exemplare (davon 12.775 BMW / EMW 340/2).

EMW 340/2 Limousine
Alarm im Zirkus

sowie eine leicht überarbeitete Schalttafel. Die rechteckig gezeichneten Instrumente waren nun in einem Block zusammengefasst.

Der Winkerschalter hatte erstmals eine automatische Rückstellfunktion. In Sachen Wartung verbessert wurden Wischermotor und Tachoantrieb; neu waren Aschenbecher, Türgriffe innen, vergrößerter Rückspiegel und die Leuchte im Kofferraum. Dieser ließ sich bereits im Vorgängermodell von außen öffnen. Neu waren weiterhin die durchgehende vordere Sitzbank statt der bisherigen Einzelsitze und die verbesserten Rücksitze. Der Preis des Wagens kletterte nur wenig über 15.000 DDR-Mark. Offensichtlich war ursprünglich ein höherer Preis vorgesehen: Ein zeitgenössisches Foto einer Automobilausstellung in der DDR zeigt einen mit 18.440 Mark ausgepreisten Typ 340.

Ab 1950 war allerdings bereits an einem Nachfolger für den 340 gearbeitet worden. Die Entwickler blieben jedoch nahe dran an der BMW-Konstruktion – einschließlich des 2,0-Liter-Reihensechszylinders. Bevor die Sowjets 1952 das Eisenacher Werk an die Deutschen zurückgaben, nickten sie noch eine der vorgestellten Versionen ab. Zu einer Produktionsumstellung auf das überarbeitete Modell 340-8 kam es jedoch nicht mehr: Der EMW 340/2 blieb offiziell bis zum 30. April 1953 im Programm, anschließend köchelte bis 1955 in Eisenach und Halle die Fertigung auf kleiner Flamme weiter.

Dank einer von Dr. Dietrich, Hoyerswerda, zusammengestellten Statistik ergeben sich folgende Zahlen: Insgesamt entstanden 20.953 Fahrzeuge aller Aufbauformen vom Typ 340 und 340/2. Genau 12.775 entfielen auf die 340/2 Limousine – 3.941 stammten von 1951, 7.154 aus dem Folgejahr, 1.000 von 1953 – und 680 Exemplare wurden 1954 / 55 in Eisenach und im VEB Karosserie-Werke Halle montiert. Noch 1964 mokierte „Der deutsche Straßenverkehr", dass „jährlich noch immer etwa 2000 EMW ‚gesundgebetet', das heißt aus Ersatzteilen völlig neu aufgebaut werden, weil Pkw dieser Größenordnung besonders fehlen. Ein solcher Neuaufbau kostet aber etwa dreimal so viel wie ein nagelneuer Wartburg!"

Der Kofferraum war von außen zugänglich, es blieb aber bei der geteilten Heckscheibe

Im Behördeneinsatz waren diese Nachbauten jedoch nicht mehr. Für böse Buben, aber auch für aufsässige Dissidenten jeder Couleur hielt der Staat mittlerweile auch andere Transportfahrzeuge bereit – beispielsweise den zweitaktenden F9 als Polizeieinsatzwagen oder den Kleintranporter Framo V 901.

IFA F9 Cabrio-Limousine

Anton der Zauberer

Völlig unabhängig vom westlichen DKW-Ableger in Düsseldorf stellten zunächst die Zwickauer, dann die Eisenacher Automobilbauer den F9 her. Er basierte auf einer nie in Serie gegangenen Vorkriegs-Entwicklung von DKW. Die unter DDR-Ägide ausgelieferte Cabrio-Limousine war die seltenste und teuerste Version der Baureihe. Es grenzte fast an Zauberei – hatte man doch mit diesem Fahrzeug tagtäglich die Wahl zwischen zwei Aufbauarten.

Die schicke Cabrio-Limousine mit der durchgehenden Frontscheibe lief bereits unter der Verantwortung des Automobilwerks Eisenach. Die Stahlblech-Karosserien kamen aus Meerane

Eine Limousine? Oder ein Cabrio? Oder beides? Die mittlerweile ausgestorbene Gattung der Cabrio-Limousinen mit den feststehenden seitlichen Holmen feierte in den 50er-Jahren noch fröhliche Urständ. Das Automobilwerk in Eisenach hatte zwischen 1953 und 1955 dieses Modell auf Basis des F9 im Programm, später – auf Wartburg-Plattform – sollte es ein so gestricktes Fahrzeug nie mehr geben. Sein Debüt hatte der F9 als Limousine jedoch in Zwickau erlebt, wo er von 1949 bis zum Umzug der Produktionsanlagen nach Thüringen in gerade mal 1.880 Einheiten gefertigt wurde. Alles in allem war dies natürlich viel zu wenig angesichts der Nachfrage, vor allem aus dem Inland.

Auf Basis der 1939er Sonderklasse war 1947 das kriegsbedingt gestoppte F9-Projekt als Limousine wiederbelebt worden – das erste Ausstellungsexponat war auf der Leipziger Frühjahrsmesse 1948 zu sehen. Trotz neuerlicher Versuche hatte der F9 aber weder einen Kunststoff-, noch einen Holz-Kunstleder-Aufbau, sondern eine Stahlblech-Karosserie aus den benachbarten Horch-Werken. Das Kunststoff-Thema war sehr ernst genommen worden – im Oktober 1951 wurde in Zwickau sogar eine F9 Cabrio-Limousine mit einer kompletten Karosserie aus einer PVC-Baumwoll-Mischung vorgestellt. Man plante sehr optimistisch, 1952/1953 etwa 2.000 Kunststoff-F9 herzustellen. Aber nach zwei weiteren Musterfahrzeugen endete dieser Versuch.

Von Anfang an bekam der F9 den 900-cm^3-Dreizylinder mit 28 PS. Eine Reihe anderer Baugruppen waren aus Kapazitätsgründen verändert worden: So wanderte der Kraftstofftank nach vorn, um die Förderpumpe einzusparen. Die ab 1950 in West-Deutschland gefertigte, optisch zum Verwechseln ähnliche F89 Meisterklasse hatte übrigens nur einen Zweizylinder-Zweitakter. Den Dreizylinder gab's hier erst 1953. Nachdem im Oktober 1950 im Osten die Fertigung der Limousine angelaufen war, zeigten die Zwickauer auf der Leipziger Frühjahrsmesse 1951 das viersitzige Cabriolet mit ebenfalls zweigeteilter Frontscheibe. Die Karosserien für die Serienausführungen des offenen F9 steuerte der VEB Karosserie-Werke Dresden zu.

Bereits auf der Leipziger Frühjahrsmesse 1950 war auch eine sehr formschöne Roadster-Version des F9 präsentiert worden. Zu einer Serienproduktion des offenen Schönlings kam es allerdings nicht. Auch die Cabrio-Limousine mit dem großen Faltrolldach er-

IFA F9 Cabrio-Limousine
Anton der Zauberer

Besonderheit dieser Aufbauform sind die feststehenden Dachholme und das riesige Faltrolldach. Den F9 gab's – egal ob Limousine oder mit anderer Karosserie – ausschließlich als Zweitürer, wobei die Pforten immer hinten angeschlagen sind

langte in Zwickau nicht mehr die Serienreife. Erstmals gezeigt wurde ein solches Auto aber auf der Leipziger Herbstmesse 1952. „Besonderheit war das Scherenspreizsystem für die Dachkonstruktion, das es gestattet, das Verdeck auf kleinstem Raum zusammenzulegen, es aber andererseits so zu straffen, dass es von einem festen Limousinendach kaum zu unterscheiden ist", hieß es im Messenachbericht.

Weil aber das Zwickauer Automobilwerk die Großserienproduktion des DDR-Kleinwagens Trabant vorzubereiten hatte, endete dort Anfang 1953 die Fertigung des F9. Dessen Produktion wurde zum 5. März 1953 nach Eisenach verlagert, auch die Motorenherstellung zog von Chemnitz in die Stadt am Fuße der Wartburg um. Trotz der internen Bezeichnung EMW 309 erhielt der F9 kein rundes EMW-Logo, sondern einen auf der Spitze stehenden IFA-Rhombus.

In Thüringen lief damals noch die aufwendige Fertigung des viertaktenden EMW, der sich aber angesichts robusterer und preiswerterer sowjetischer Importfahrzeuge kaum noch rechnete – so die offizielle Lesart: Er sollte 1953 langsam auslaufen, blieb aber hier und an anderen Standorten noch bis 1955 in der Fertigung. Immerhin war in Eisenach die Materialsituation – vor allem beim Tiefziehblech – anfangs weit besser als in Zwickau. Dass die sehr ambitionierten Thüringer Automobilbauer wenig Spaß an diesem Wechsel hin zum kleinen Zweitakter hatten, ist vorstellbar.

Die Eisenacher F9-Modelle ab 1953 erstarkten dank eines neuen Aluminium-Zylinderkopfs mit zentral statt seitlich platzierten Zündkerzen, Dreihebelzündanlage (vorher von Kurbelwelle angetriebener Zündverteiler) und neuem Auspuff mit Vorschalldämpfer um 4 auf maximal 32 PS. Die Dauerleistung wurde mit 30 PS angegeben. Erst Anfang 1954 erhielten sie eine durchgehende, gewölbte Frontscheibe und eine größere, nunmehr ungeteilte Heckscheibe. Äußerlich gibt es sonst keine Unterschiede zum Modell aus Zwickau, es blieb beispielsweise bei den nur zwei Türen, die hinten angeschlagen sind. Nach erfolgreichen Versuchen der Sachsen, für den F9 Stoßeckenverkleidungen aus Kunststoff zu fertigen, hatte man in Thüringen

Traditionell wurden besonders attraktive Automobile mit Chrom und poliertem Aluminium aufgewertet. Jedes hatte sein eigenes Gesicht. Was heute für teuer Geld als „Individualisierungs-Zubehör" angeboten wird, gehörte seinerzeit zur Serienausstattung: Das Flügelsymbol war ab Werk lieferbar

IFA F9 Cabrio-Limousine

Anton der Zauberer

sogar ein Presswerkzeug für die Heckklappe gebaut. In die Serie gelangte das Teil dennoch nicht, es blieb aber bei der Stoßeckenverkleidung aus dem neuen Material.

Die Karosserie der stromlinienförmigen Limousine (cW-Wert 0,42) wurde vor Ort in Eisenach gefertigt. Neu waren der 40-Liter-Tank hinten, der eine Unterdruck-Kraftstoffpumpe erforderte (bisher 30-Liter-Tank vorn), sowie die Scheibenwisch- und die Heizungsanlage inklusive Defroster. Ab 1955 bekam der F9 die modischere Lenkrad- statt der vom F8 übernommenen Krückstock-Schaltung. Zu diesem Zeitpunkt war die Ablösung des F9 durch den Wartburg 311 schon längst beschlossene Sache.

Rund 1.700 der insgesamt 2.600 Einzelteile des F9 stammten von Zulieferern außer Haus. Viele von ihnen kamen angesichts der sozialistischen Planwirt-

Dank geschlossener Seitenteile bleibt's im Innenraum weitgehend zugfrei. Das Lenkrad stammt vom Wartburg 311

schaft ins Trudeln und konnten ihre Vorgaben nicht mehr erfüllen, so dass Engpässe am Band alltäglich wurden. 1955 registrierte man bis zu 50 Prozent Lieferverzüge. Mit viel Mühe wurden noch über den Serienanlauf des Wartburg 311 Ende 1955 hinaus insgesamt 38.783 Einheiten des F9 in Eisenach montiert – 1953 waren es 7.550 Stück, danach 12.863, im Jahr 1955 stolze 13.492 Einheiten und schließlich 1956 noch 4.878 Exemplare. Sage und schreibe 20.641 Stück (und damit über die Hälfte der Gesamtproduktion) gingen in den Export, vor allem nach Skandinavien, Belgien und in die Schweiz. Ab 1954 setzte man den F9 sogar im Rallyesport ein, um ihn im Ausland populärer zu machen.

In geringer Stückzahl – 1.329 Einheiten – lief unter Eisenacher Ägide auch die F9 Cabriolet-Fertigung (Type 309/2) weiter, die Karosserien kamen aus Dresden. Alle technischen und optischen Änderungen der Limousine wurden getreulich übernommen. Äußerlich sehr ähnliche offene Aufbauten für DKW in Düsseldorf stammten übrigens vom Osnabrücker Karossier Karmann. Eine Zusammenarbeit zwischen DKW-Ost und -West gab es allerdings nie – ganz im Gegenteil: Die westlichen Händler machten massiv Front gegen Kollegen, die preisgünstigere Ost-DKW ins Land holten. 1955 strebte die nunmehr in Ingolstadt ansässige Auto Union sogar einen Prozess gegen den Schweizer Importeur an: Die Eisenacher ließen sich daraufhin auf einen Vergleich ein, weil sie ohnehin mit Volldampf am Nachfolgemodell arbeiteten – dem späteren Wartburg 311.

Nur 680 der insgesamt rund 40.000 F9-Modelle waren Cabrio-Limousinen vom Typ 309/3 – intern „Limousine-Kabriolett" genannt. Sie wurden ab Ende 1954 nicht etwa in Dresden, sondern ausschließlich im VEB Karosseriewerk Meerane (früher: Gustav Hornig) 20 Kilometer nördlich von Zwickau aufgebaut. Im September 1954 debütierte das erste Exemplar. Dabei

Wunderschöne, chromgefasste Anzeigen im blechernen Instrumententräger, der im Holz-Look lackiert wurde

Im geschlossenen Zustand ist die Cabrio-Limousine einer Limousine nahezu ebenbürtig. Die höfliche Einladung zur Mitfahrt, ausgesprochen von einem Kavalier der alten Schule, kann die junge Dame sicher nicht abschlagen

IFA F9 Cabrio-Limousine

Anton der Zauberer

Anders als beim Vollcabriolet konnte der Winker in der B-Säule untergebracht werden

wurden die Cabrio-Limousinen mit bereits vormontiertem Teil-Aufbau (komplett bis zur B-Säule, dazu hintere Kotflügel und vollständige Bodengruppe) beim Karossier angeliefert und dort vollendet. Mit einem Preis von 15.000 Mark waren die Cabrio-Limousinen jedoch unverhältnismäßig teuer: Sie kosteten einen Tausender mehr als die Cabrios! Das an sich bestechende Konzept eines Automobils, das Vorzüge von Limousine und Cabrio in sich vereinigt, geriet aber bald in Vergessenheit. Gefragter waren fortan Limousinen mit Schiebedächern – auch beim F9 (als 309/8 bezeichnet und 859 mal gefertigt).

Die hier gezeigte Cabrio-Limousine stammt aus dem Baujahr 1955. Das Lenkrad kommt jedoch aus dem Wartburg 311 (eingeführt bei Serienauslauf des F9), das hinten – unterhalb der gewaltigen Verdeckwulst – angebrachte Logo sowie die Radkappen ebenfalls. Rückleuchten und Flügelsymbol auf der hinten angeschlagenen Motorhaube wurden tatsächlich so verbaut, während die Blinker nachgerüstet werden muss-

Daten & Fakten: IFA F9 Cabrio-Limousine (309/3)

▶ **Motor:** Dreizylinder-Reihenmotor (Zweitakter) längs vor der Vorderachse; Hubraum 900 cm³; Bohrung x Hub 70,0 x 78,0 mm; Leistung 28 PS bei 3600/min (ab 1953: 30 PS bei 3600/min bzw. 32 PS bei 3800/min); max. Drehmoment 74 Nm bei 2500/min; Verdichtung 6,25 : 1 (1953: 6,8 - 7,0 : 1); vierfach gelagerte Kurbelwelle; ein Flachstromvergaser BVF H 32/0; Wasserkühlung (Thermosyphon, 10 Liter); Batterie 6V 75 Ah oder 84 Ah; Lichtmaschine 130 W.

▶ **Kraftübertragung:** Frontantrieb, unsynchronisiertes Vierganggetriebe (I. 3,50; II. 2,06; III. 1,35; IV. 0,985 / ab 1953: I. 3,273, II. 2,133, III. 1,368, IV. 0,956/; An- triebsübersetzung 4,857, Freilauf in allen Gängen) hinter der Vorderachse, Krückstockschaltung am Instrumententräger (1955: Lenkradschaltung); Einscheiben-Trockenkupplung.

▶ **Karosserie/Fahrwerk:** Kastenrahmen mit Ganzstahlkarosserie verschraubt; vorn Einzelradaufhängung mit Querlenkern unten und Querfeder oben, hydraulische Kolben-Stoßdämpfer; hinten Starrachse, Querfeder oben, hydraulische Kolben-Stoßdämpfer; hydraulische Bremsanlage (Trommeln), 5.00-16-Reifen auf 3.25 D x 16-Rädern; Zahnstangen-Lenkung.

▶ **Maße/Gewichte:** Länge / Breite / Höhe 4200 / 1600 / 1500 mm; Radstand 2350 mm, Spurweite v/h 1184 / 1260 mm; Leergewicht 920 kg; zul. Gesamtgewicht 1250 kg; 30 Liter Kraftstofftank (vorn, ab 1953: 40 Liter Tank hinten).

▶ **Fahrleistungen/Verbrauch:** Höchstgeschwindigkeit 110 km/h; 0 - 100 km/h in ca. 40 s; Verbrauch 10 Liter (Öl-Kraftstoff-Mischung 1 : 25) /100 km.

▶ **Bauzeit/Stückzahl:** 1949 - 1956 (ab 1953 in Eisenach, Cabrio-Limousine 1954 bis 1956), insgesamt 40.618 Exemplare (davon 680 Cabrio-Limousinen).

IFA F9 Cabrio-Limousine

Anton der Zauberer

Ungeachtet der realexistierenden Mangelwirtschaft wurde das automobile Schmuckstück am Laufen gehalten. Radkappen und hinteres Logo stammen vom Wartburg 311

ten. Die Winker sitzen in der B-Säule, während sie beim Cabrio direkt hinter den Türen platziert sind. Interessant die Gestaltung des Instrumententrägers, dessen Wurzelholz-Look zeittypisch als „Biermalerei" per Pinsel ausgeführt wurde.

Dass die Cabrio-Limousine nicht im Originalzustand blieb, ist nicht ehrenrührig. Denn sie wurde – wie in der DDR üblich – ständig aktualisiert, weil solche Autos trotz widriger Engpässe ständig am Laufen gehalten werden mussten. Was nicht ganz einfach war: Nur wer gute Kontakte zu einem Automechaniker und Ersatzteilbeschaffer hatte, kam problemlos über die Runden. „Anton der Zauberer", mit viel Ironie von Schauspieler Ulrich Thein verkörpert, war so ein rettender Engel inmitten der Mangelwirtschaft, der anderen half und sich selbst eine goldene Nase damit verdiente – wobei die DEFA-Komödie von 1977 angesichts der Realität eher noch untertrieb.

Wartburg Sport 313/1

Heißer Sommer

50 PS aus nur 900 Kubikzentimeter sind noch heute ein Wort. Alles, was gut und teuer war, steckten die Wartburg-Techniker in dieses rassige und höchst unvernünftige Automobil. Einige Exemplare gelangten sogar ins ferne Amerika, aber die meisten waren zwischen Elbe und Oder im höchst vergnüglichen Einsatz. Vor allem an sonnigen Tagen geriet der Sport 313/1 zum Traummobil.

Die Form dieses rassigen Zweisitzers ist ohne Fehl und Tadel. Er wurde vom nagelneuen Wartburg 311 aus dem gerade umbenannten VEB Automobilwerk Eisenach (AWE) abgeleitet, der auf der Leipziger Frühjahrsmesse 1956 sein vielbeachtetes Debüt gefeiert hatte. Genau ein Jahr später präsentierte man an gleicher Stelle den Wartburg Sport 313/1 (meist nur Wartburg Sport genannt). Er stahl dem hier ebenfalls gezeigten viersitzigen 311-2 Cabriolet glatt die Show. Clou des Sport-Typs war das serienmäßige, abnehmbare Hardtop-Dach aus Stahlblech. Das Softtop war dagegen nur gegen Aufpreis zu bekommen. Es galt als „Allwetterverdeck" und verblieb unter einer Abdeckklappe stets im Fahrzeug. Auch vor dem Aufsetzen des Hardtops musste es nicht entfernt werden. So knappgeschnitten und rassig es auch wirkt – nur wenige Käufer orderten das 750 Mark teure Stoffverdeck, dessen Lieferung sich aus schlichten Kapazitätsgründen allerdings häufig verzögerte oder ganz ausblieb. In solchen Autos fehlten meist die entsprechenden Befestigungspunkte.

Die Motorhaube des Wagens war ungeachtet des gemeinsamen Radstands allein aus stilistischen Gründen viel länger als die der 311er-Limousine. Dafür wurde die Kabine um 50 Zentimeter verkürzt. Die Spritzwand blieb im unteren Bereich unverändert, oben war sie weiter Richtung Wagenmitte gezogen worden. Die Pedalerie war nun hängend und nicht mehr stehend wie im 311 angeordnet, erforderte aber relativ lange Beine des Fahrers. Manche kürzer Gewachsenen ließen sich darum Holzklötze auf die Pedale schrauben. Neu waren die Lenkung und der Kabelbaum: Fußhebelwerk und Lenksäule wurden mittels eines gesonderten Pedalträgers in die Spritzwand eingepasst. Sowohl die Front mit der langen Motorhaube als auch das knackige Heck waren Eigenschöpfungen. Sie wurden nach einigen Monaten der

Anders als bei Limousine & Co. spannt sich eine Blendhutze über die Instrumente. Einen Drehzahlmesser sucht man vergeblich

Wartburg Sport 313/1

Heißer Sommer

Während andere Wartburg-Modelle noch den niedrigen „Fischgräten-Grill" hatten, besaß der Sport-Typ von Anfang an das große Ziergitter. Und nur er verfügte über diese eleganten, durchgehenden Stoßfänger. Serienmäßig hatte er große Scheinwerfer, die hier von den später verwendeten kleineren Lampen ersetzt wurden

Eigenfertigung in Eisenach ab Mitte 1958 beim VEB Karosserie-Werke Dresden (Karosserieaufbau auf angelieferte Fahrgestelle) geschickt in Blech umgesetzt. Die „Hüften" waren insgesamt um vier Zentimeter weiter herausgezogen.

Das Fahrwerk – vorn mit Einzelradaufhängung, hinten mit leichter Starrachse und paralleler Radführung ohne Spur- und Sturzveränderungen der Räder beim Einfedern – und das Chassis waren tatsächlich nur leicht modifiziert worden: am vorderen Querträger und am Kastenquerträger (hier fehlt der Aufnahmepunkt für die Handbremse). Die längs im beleuchteten Motorraum installierte Maschine hatte indes tiefgreifendere Änderungen erfahren: Zwei geräuschvoll schmatzende Flachstromvergaser mit getrennten kleinen Ölsiebluftfiltern (Wartburg 311: nur ein Vergaser), eine höhere Verdichtung (zunächst 7,6 und dann 8,0 : 1, schließlich in der Serie 7,9 : 1) sowie längere Einlass-Steuerzeiten bescherten dem schlitzgesteuerten 900-cm^3-Dreizylinder stramme 50 PS. Der 311 verfügte damals nur über 37 Pferdestärken.

Über Scharniergelenkwellen gelangte die Kraft zur Vorderachse. Dank der längeren Übersetzung des dritten und natürlich vor allem des vierten Gangs kam der Zweisitzer auf 140 km/h – war allerdings untenherum ziemlich schlapp. Thermische Probleme hatte sein mit Pumpenumlauf- statt Thermosyphonkühlung versehener Motor übrigens nicht – die seitlichen, chromgesäumten Entlüftungsschlitze vor den Türen waren Attrappen. Wegen der erwarteten höheren Drehzahlen wurde eine Kraftstoff-Öl-Mischung von 25 : 1 statt der in Mode kommenden 33: 1 empfohlen.

Erst 1959 bekamen alle Wartburg-Typen das vom zweiten bis vierten Gang sperrsynchronisierte Getriebe. Um in die erste Fahrstufe zu gelangen, musste beim Herunterschalten vorsichtig zwischengekuppelt werden, das Ganze war mit Zwischengas zu unterstützen. Neu war auch eine verbesserte Bremsanlage mit um 10 Prozent vergrößerter Bremsfläche, die erstmals im Wartburg Sport 313/1 eingesetzt worden war. Der hubraumvergrößerte 992-cm^3-Motor wurde im Sport-Typ aber nicht mehr installiert. Erst der damit ausgestattete „zivile" Wartburg bekam eine Wasserpumpe, wie sie der Sport bereits hatte. Bei der Pumpe des Wartburg 313/1 handelte es sich jedoch um die modifizierte Tropenausführung für den Klein-Lkw Framo.

Auch die komfortable Innenausstattung mit Heizgebläse, sehr gefälligem, lederbezogenen Instrumenten-Blendschutz aus Holz und serienmäßiger Voll-Lederverkleidung überzeugte. Imposant vor allem die bequemen, in der Horizontalen verstellbaren Ledersess-

Wartburg Sport 313/1
Heißer Sommer

Kurvige Landstraßen sind dem 50 PS starken 313/1 wie auf den Leib geschnitten. Hier überholt er ein Wartburg 311-2 Cabriolet von 1959 mit 37-PS-Maschine

Bis 1961 hatten alle Wartburg-Typen das farbige Logo mit der Silhouette der berühmten Burg. Anfangs fehlte eine Zeitlang der Zusatz „VEB". Später verzichtete man auch auf die zweimalige Nennung des Stadtnamens

Auffällig die lange, neukreierte Motorhaube und die nach hinten versetzte Frontscheibe. Unterm Blech saß die gewohnte Wartburg-Plattform, wobei die Spritzwand zwischen Motor- und Innenraum massiv verändert werden musste. Der Radstand ist aber gegenüber der Limousine gleichgeblieben

Wartburg Sport 313/1

Schmale Räder, Chromschmuck und funktionslose Entlüftungsschlitze – weltweit typische Attribute von sportiv wirkenden Autos in den 50er-Jahren

sel, die eine sehr tiefe Sitzposition ermöglichen. Selbst mit aufgespanntem Softtop blieb ausreichend Luft überm Scheitel. Aber die Lehnenneigung war über verzahnte Rosetten der Lehnenhalterung nur recht umständlich verstellbar. Noch unangenehmer, dass die Sitze wegen des glatten Leders nur wenig Seitenhalt vermittelten.

Das grundsätzlich elfenbeinfarbige Zweispeichen-Lenkrad aus Kunststoff war eine Spezialanfertigung nur für den Wartburg Sport, im oberen Teil im Durchmesser größer, und natürlich mit Hupring versehen. Offensichtlich vermuteten die Eisenacher, dass die Kundschaft solcher Automobile eher beleibter sein würde. Die übersichtlichen Rundinstrumente in dem

Der Zweitakter erstarkte dank Doppelvergaseranlage, höherer Verdichtung und längerer Einlasszeiten

in Wagenfarbe lackierten Instrumententräger stammten von der Limousine, nur der Tacho erhielt eine neue Skalierung (bis 160 km/h). Einen Drehzahlmesser gab es nicht. Dank des Blendschutzes spiegelten sich die Uhren tatsächlich nicht in der Frontscheibe, die übrigens nicht identisch mit der vom 311 war. Das Zündschloss saß rechts vom Lenkrad auf dem Instrumententräger.

Optional gab's ein Röhren-Autosuper – meist das „Schönburg" mit Drucktasten von RFT oder das „A 110-Autoportable": Lässig zurückgelehnt ins Gestühl, konnte man so den einheimischen Hits beispielsweise von Gerd Natschinski lauschen, sofern man nicht in Gegenden mit gutem „Feindsender"-Empfang und westlicher Musik unterwegs war: Vielleicht hatten die DEFA-Drehbuchschreiber sich vom 313-Sport inspirieren lassen, als sie 1967 an der Ostsee den Musik-Film „Heißer Sommer" drehten. Er bestand vor allem aus Gesangsdarbietungen der DDR-Stars Frank Schöbel und Chris Doerk; die Musik stammte von Natschinski. „Mit kühlem Kopf und heißem Herzen", wie es in der Wartburg-Werbung hieß, ließ sich mit solch akustischer Untermalung die Fahrt zum Baggersee oder zur Mokka-Milch-Eis-Bar trefflich genießen, auch wenn zu diesem Zeitpunkt der 313/1 nicht mehr der Jüngste war. Doch im Automobilangebot Ende der 60er-Jahre gab es nichts Vergleichbares mehr.

Fahren ließ sich der Zweisitzer völlig unspektakulär. Sein relativ hohes Gewicht erlaubte zwar keine echten Sportwagenqualitäten, andererseits zählte das Auto zu den schnellsten auf den Straßen der DDR. Dank des ausgewogenen, vielleicht ein bisschen harten Fahr-

Wartburg Sport 313/1

Heißer Sommer

werks hielt sich die Kurvenneigung in Grenzen. Bei langsamer Fahrt drangen die Fahrbahnstöße stärker durch als bei schneller. Bei schlechter Straße tänzelten die schmalen Reifen aber so, dass ständige Lenkkorrekturen nötig waren. Das Motor- und Auspuffgeräusch war zwar lauter als beim 311 – aber solch sportlicher Sound begeisterte den Fahrer. Die Bremsen waren indes nur braver Durchschnitt: Vorn saß eine Duplexbremse mit zwei Radbremszylindern, hinten verrichtete eine Simplex-Bremse ihren Dienst. Allerdings verführte kaum jemand den Wartburg 313/1 in Regionen jenseits des Grenzbereichs.

Anfangs 19.800 Mark, später 20.400 Mark kostete der imposante Zweisitzer, der von 1957 bis 1960 ganze 469

Mit diesem rasanten Schriftzug war der Wartburg Sport hinten gekennzeichnet. Die Ziffernkombination 313/1 fand sich nur in den Papieren

Nachblättern im Originalprospekt, der heute nur zu Liebhaberkonditionen zu haben ist. Deutlich zu erkennen die Unterbringung des Verdecks, hintere Sitze gibt es nicht

Das knapp geschnittene Softtop gehörte nicht zur Serienausstattung. Im Vergleich das 1959er-Cabrio

mal gebaut wurde – 21 mal im ersten Jahr, 239 in 1958, 105 in 1959 und 100 mal im letzten Jahr. Dazu kamen vier Prototypen vom Frühjahr 1957. Der Sport war damit das teuerste Wartburg-Modell jener Zeit. Er wurde gern von der ostdeutschen Prominenz und einigen Unterhaltungskünstlern – zum Beispiel vom Dresdner Eberhardt Cohrs – gefahren.

In der Bundesrepublik kostete der Wagen 9.620 D-Mark, 1959 wurde der Preis auf 8.625 D-Mark gesenkt. Fast ein Drittel der 313/1 – exakt 143 Einheiten – ging in den Export. Acht Stück lieferte man sogar nach den USA (vor allem an die Westküste), der erste wurde

Daten & Fakten: Wartburg Sport 313/1

▶ **Motor:** Dreizylinder-Reihenmotor (Zweitakter) längs vor der Vorderachse; Hubraum 900 cm³; Bohrung x Hub 70,0 x 78,0 mm; Leistung 50 PS bei 4200 - 4500/min; max. Drehmoment 90 Nm bei 3200/min; Verdichtung 7,6 - 8,0 : 1; vierfach gelagerte Kurbelwelle; Doppelvergaseranlage BVF HH 362-5; Wasserkühlung (Pumpenumlauf, 10 Liter); Batterie 6V 84 Ah; Gleichstrom-Lichtmaschine 180 W.

▶ **Kraftübertragung:** Frontantrieb, unsynchronisiertes (ab 1958: teilsynchronisiertes) Vierganggetriebe (I. 3,273; II. 2,133; III. 1,238; IV. 0,826; Antriebsübersetzung 4,857; abschaltbarer Freilauf in allen Gängen) hinter der Vorderachse, Lenkradschaltung; Einscheiben-Trockenkupplung.

▶ **Karosserie/Fahrwerk:** Kastenrahmen (vier Querträger) mit Ganzstahlkarosserie verschraubt; Einzelradaufhängung vorn mit Querlenkern unten und Querfeder oben, Teleskop-Stoßdämpfer, hinten Starrachse mit Querfeder oben; Teleskop-Stoßdämpfer, Einkreisbremsanlage (Trommeln), 5.90-15-Reifen auf 4,0 J x 15-Rädern; Zahnstangen-Lenkung.

▶ **Maße/Gewichte:** Länge / Breite / Höhe 4360 / 1610 / 1350 mm; Radstand 2450 mm, Spurweite v/h 1190 / 1260 mm; Leergewicht 920 kg (davon Hardtop 30 kg); zul. Gesamtgewicht 1270 kg; 40 Liter Kraftstofftank (hinten).

▶ **Fahrleistungen/Verbrauch:** Höchstgeschwindigkeit 140 km/h; 0 - 100 km/h in 26,0 s; Verbrauch 9 - 13 Liter (Öl-Kraftstoff-Mischung 1 : 25) /100 km.

▶ **Bauzeit/Stückzahl:** 1957 - 1960, 469 Exemplare.

Wartburg Sport 313/1

Heißer Sommer

Auch die Heckpartie war eine Eigenschöpfung der Dresdner. Die „Hüften" waren weiter herausgezogen

schon auf der Leipziger Frühjahrsmesse 1958 übernommen und stand ein Jahr später auf der Motorshow New York. Ab Werk gab's den Sport-Typ überwiegend in Rot oder Elfenbein oder Weiß. Es wurden aber auch andere Farben ausgeliefert. In Hellblau zu sehen war ein 1958 auf verschiedenen Messen herumgereichtes Sport-Coupé. Dazu entsprechend farblich abgestimmt war die Innenausstattung meistens mit rotem oder gelbem Rindsleder.

Das hier gezeigte Automobil stammt aus dem Baujahr 1959, ausgeliefert wurde es erst 1960. Es wurde im Nachhinein auf die 12-Volt-Elektrik umgebaut und bekam die nicht originalen, kleineren 170-mm-Einheitsscheinwerfer (asymmetrisches Abblendlicht). Serienmäßig umfassten vorgezogene Zierringe die symmetrischen Scheinwerfer mit 200-mm-Streuscheibe. Am Anfang war übrigens noch keine Einstellung der Lampen von außen möglich.

Sein Besitzer setzt es gern und häufig ein. „Es soll nicht geschont, sondern gefahren werden", ist sein Credo. Unter anderem absolvierte er damit 1997 die „2000 Kilometer durch Deutschland" und 2001 den europaweiten BMW Classic Marathon über 4000 Kilometer. Geschadet hat es dem Auto ganz und gar nicht. Ginge es nach ihm, könnte jeder Tag ein Sommertag sein ...

Wartburg 313/2 HS (Prototyp)

Trotz alledem

An Kreativität mangelte es den Technikern und Formgestaltern in den beiden Automobilwerken der DDR nicht. Selbst für den sportiven 313/1-Roadster hatten die Eisenacher schon einen Nachfolger parat. Er sollte einen Mittelmotor erhalten und parallel zur gleichfalls angedachten P 100-Limousine laufen. Aber auch diese Versuchsmuster von 1960 bis 1963 verschwanden in der Versenkung.

Der Vorbesitzer verpasste dem Auto ein Grillgitter (Seite 52/53), Talbot-Spiegel und einen Targa-Dachaufsatz

„Trotz alledem" war ein beliebter Trostspruch in der DDR, wenn wieder einmal etwas aus dem Ruder gelaufen war und trotz aller Bemühungen von vorn begonnen werden musste. Auch ein DEFA-Film über Karl Liebknecht von 1971 lief unter diesem Titel – er wollte letztlich Mut zum Weitermachen machen. Und den brauchten gerade die Automobilbauer, die seit Jahrzehnten mit viel Elan den Anschluss an den Weltmarkt zu halten versuchten.

Problem der Thüringer war und blieb der Zweitaktmotor. Anfang 1957 hatten die Motorentechniker des früheren Rennkollektivs mit der Entwicklung eines flachbauenden Vierzylinder-Viertakt-Boxermotors begonnen. Er sollte den Nachfolger des Wartburg 311 antreiben. Erste Zeichnungen für modernistischen Typ 314 mit selbstragender Karosserie (Arbeitsname „Centaur") stammten aus dem Jahr 1957, Skizzen gab es schon früher. Die Exportchancen eines Viertakters wären nach internen Untersuchungen ums Vierfache gestiegen. 45 PS waren angestrebt, der Verbrauch sollte von 9,5 auf 7,5 Liter/100 km sinken. Aber dem standen veranschlagte Investitionen von 13 Millionen Mark gegenüber. Im Februar 1961 fiel aber dann die endgültige Entscheidung für den Zweitaktmotor „und in der Perspektive für den Kreiskolbenmotor". Auch dieses Projekt sollte sich schließlich zerschlagen.

1960 hatten die Eisenacher Entwickler neben den abschließenden Überlegungen zum Typ 314 mit der Konzeption der neuen Limousinenbaureihe P 100 begonnen, die ab 1965 in Serie gehen sollte. Sie standen dabei in gewollter Konkurrenz zu den Technikern des Automobilwerks Zwickau, die mit der gleichen Aufgabe betraut wurden. Denn die Hauptdirektion der VVB (Vereinigung Volkseigener Betriebe) Automobilbau in Chemnitz wollte herausfinden, welches Konzept das bessere für einen mit 200.000 Einheiten jährlich geplanten „Perspektiv-Pkw" sei: Beim heckgetriebenen Eisenacher Wagen saß der Dreizylinder-Zweitakter quer vor der Hinterachse, beim Zwickauer Fahrzeug platzierte man ihn über die Vorderachse.

Die VVB-Verantwortlichen wollten bei dieser Gelegenheit gleich auf die Erfahrungen aufbauen, die in Eisenach mit dem 2+2sitzigen Hardtop-Cabrio 313/2 HS gesammelt wurden. Dessen Entwicklung hatte auf Drängen von Betriebsleiter Martin Zimmermann – einem Überzeugungstäter in Sachen Niederflur-Motoren – bereits begonnen, bevor sich die übergeordnete

Wartburg 313/2 HS (Prototyp)

Trotz alledem

Leitungsebene zum P 100-Wettbewerb durchrang. Der Sport-Prototyp, der in der ersten Hälfte der 60er-Jahre in Serie gehen und den 313/1 ablösen sollte, wurde 1960 erstmals auf einem Foto gezeigt. Auf eine Messe oder öffentliche Ausstellung gelangte er nie. Immerhin hatte man damals noch an eine Serieneinführung geglaubt – selbst der Druck des Bedienungshandbuchs („313/2 Heckmotor-Sportwagen") war in Vorbereitung. Die Fertigung des Autos wäre dann vermutlich im VEB Karosserie-Werke Dresden erfolgt.

Mit dem 311 oder dem 313/1 hatte das mit Spiral- statt Blattfedern versehene Auto jedoch nichts zu tun. Es war nur 1,27 Meter hoch und hatte eine Bodenfreiheit von lediglich 17,5 cm, der Radstand betrug 2,30 Meter. Die vollkommen von den bisherigen Wartburg-Linien abweichende Formgebung war indes ziemlich gewagt, erinnert sie doch frappant an die von Pietro Frua geformte Renault Floride von 1959. Ein solches Cabrio war als „Weltstands-Vergleichsfahrzeug" aus Frankreich ins Werk geholt worden, dennoch blieb der 313/2 HS eine reine Eigenentwicklung.

Die weit heruntergezogene Motorhaube bei Wegfall jeglichen „Kühlergesichts", die angedeuteten Heckflossen und die durchgehende seitliche Sicke fanden sich bei Cabrio und P 100 Limousine. Auch die 15er-Räder waren ihnen gleich. Beide Autos verfügten über selbsttragende Karosserien, wobei Heckscheibe und seitliche hintere Dreieckfenster des Cabrio-Hardtops aus Sicherheitsglas bestanden. Limousine und Cabrio verfügten über je zwei Kofferräume: Der vordere – mit Reserverad und Kraftstofftank unter einem Zwischenboden – war recht groß, der hintere reichte nur, um eine komplette Sammlung „Mosaik-Hefte" von Comic-Zeichner Hannes Hegen zwischenzulagern.

Vom 313/1-Design hatte man sich weit entfernt. Ähnlichkeiten mit der Renault Floride sind keineswegs zufällig

Der originale 313/1 HS hatte drei Rundinstrumente statt des hier nachgerüsteten Breitband-Tachos

Der im 313/2 HS dank zweier Vergaser und extrem kurzer Ansaug- und Abgasanlage auf stolze 60 PS leistungsgesteigerte Dreizylinder hatte bereits 992 cm³ wie später der Wartburg 311/1000 von 1962. Der in nur einem Exemplar gebaute und später verschrottete P 100 mit 45 PS musste sich indes mit einer Einvergaser-Anlage begnügen. Gedacht war – zumindest kurzzeitig – auch an einen Vierzylinder-Viertakter mit 1088 cm³ und natürlich an den mit viel zu viel Vorschusslorbeeren versehenen Kreiskolbenmotor.

Zusammen mit dem schräg links angeordneten Flachkühler (mit Wasserpumpe und Thermostat) und dem für P 100 und 313/2 HS neuentwickelten Vierganggetriebe war das liegende Triebwerk in einem Hilfsrahmen quer vor der Hinterachse angeordnet. Um an den Motor heranzukommen, musste man den Wagen aufbocken – dann konnte die Antriebseinheit komplett von unten her demontiert werden. Für kleinere Arbeiten war die hintere Sitzbank auszubauen. Neben der so gegebenen Service-Unfreundlichkeit nervten massive thermische Probleme wegen der verschachtelten Unterflur-Bauweise.

Das Interieur des Fahrzeugs fiel nüchtern, aber durchaus sportlich aus: Im spärlich bestückten Instrumententräger saßen drei Rundinstrumente einschließlich der Uhr, die es im Wartburg Sport 313/1 als Zubehör gab. Die Sitze stammten aus dem 311er. Gänzlich neu war die sportive Knüppelschaltung, einen durchgehenden Mitteltunnel gab es jedoch nicht.

Bis 1963 entstanden drei Unikate des Flitzers – zwei rot lackiert, einer in Gelb. Das hier gezeigte, voll funktionstüchtige Fahrzeug aus der Sammlung von Marco Brauer war der Erstling und bekam die Unikat-Rahmennummer VP 015. Von seinen Vorbesitzern wurde es jedoch mehrfach umgebaut (1968: Vorderachse vom 353) und ist darum nicht im Originalzustand. So

Daten & Fakten: Wartburg 313/2 HS (Prototyp)

▶ **Motor:** Dreizylinder-Reihenmotor (Zweitakter) quer vor der Hinterachse; Hubraum 992 cm³; Bohrung x Hub 70 x 73,5 mm; Leistung 60 PS bei 5000/min; max. Drehmoment rd. 95 Nm bei 3750/min; Verdichtung 8,5 : 1; vierfach gelagerte Kurbelwelle; Flachstrom-Doppelvergaser-Anlage BVF HH 362-1; Wasserkühlung (Pumpenumlauf); Gleichstrom-Lichtmaschine.

Kraftübertragung: Heckantrieb, teilsynchronisiertes Vierganggetriebe (abschaltbarer Freilauf in allen Gängen) quer vor der Hinterachse, Knüppelschaltung in Wagenmitte; Einscheiben-Trockenkupplung.

Karosserie/Fahrwerk: Selbsttragend (Kastenrahmen mit Ganzstahlkarosserie verschweißt); vorn Einzelradaufhängung mit Doppelquerlenkern, Schraubenfedern, Teleskop-Stoßdämpfern und Stabilisator; hinten Pendelachse mit Schraubenfedern, Teleskop-Stoßdämpfern und Hilfsrahmen; Einkreisbremsanlage (Trommeln), 5.90-15-Reifen auf 4.5 J x 15-Rädern; Zahnstangen-Lenkung.

Maße/Gewichte: Länge / Breite / Höhe 3960 / 1580 / 1270 mm; Radstand 2300 mm, Leergewicht 760 kg, zul. Gesamtgewicht 1000 kg; Kraftstofftank (vorn).

Fahrleistungen/Verbrauch: Höchstgeschwindigkeit 150 km/h; Verbrauch 7 - 10 Liter (Öl-Kraftstoff-Mischung 1 : 33) /100 km.

Bauzeit/Stückzahl: 1960 - 1963, 3 Exemplare.

Wartburg 313/2 HS (Prototyp)

Trotz alledem

Das Hardtop ist abnehmbar, die Anhängerkupplung aber höchst unpassend

erhielt es runde statt der schmalen rechteckigen Rückleuchten, einen Kühlergrill und 13er-Räder. Auch Targa-Dach, Talbot-Spiegel und das Interieur des frühen Wartburg 353 (Lenkrad, Instrumente) harren noch des Austausches. Original war ein Lenkrad in Aluminium-Druckguss, dessen Gestaltung sich beim 312 beziehungsweise beim 353 wiederfinden sollte.

Der zweite 313/2 HS ist als Torso erhalten und gehört dem Förderverein des Eisenacher Automobilmuseums. Das dritte Auto war in den Familienfuhrpark eines hochrangigen Führungskaders gegangen und wurde vom privilegierten Sohnemann zu Schrott gefahren. Jetzt steht es zerlegt in einer sächsischen Privatsammlung und soll neu aufgebaut werden.

Das Projekt des Heckmotor-Sportwagens zerschlug sich aber genau wie alle Pläne zum P 100. Konrad von Freyberg, damals Konstrukteur in Eisenach, berichtete von einem letzten Versuch, den 313/2 HS doch noch durchzubekommen – obwohl die vorgesetzte VVB-Behörde in Karl-Marx-Stadt die Entwicklung gestoppt hatte: „Es war bekannt geworden, dass der Genosse Walter Ulbricht einen einwöchigen Ferienaufenthalt in Bad Liebenstein verbrachte. Um dessen Aufmerksamkeit auf unsere schönen Eisenacher Sportwagen zu lenken, fuhren in dieser Woche AWE-Versuchsfahrer pausenlos die nahe Liebensteiner Straße hoch und runter, um vielleicht durch Zufall einen wohlwollenden Blick mit der gewünschten Initialzündung aufzufangen. Aber Walter musste wohl etwas anderes zu tun gehabt haben. Die Autos fuhren vergeblich – und wurden außer Dienst gestellt."

Dennoch machten die Techniker in beiden Automobilwerken weiter und stellten mit und ohne Duldung verantwortlicher Stellen immer neue Versuchsträger auf die Räder. Trotz alledem – auch wenn es schlussendlich vergeblich sein sollte.

57

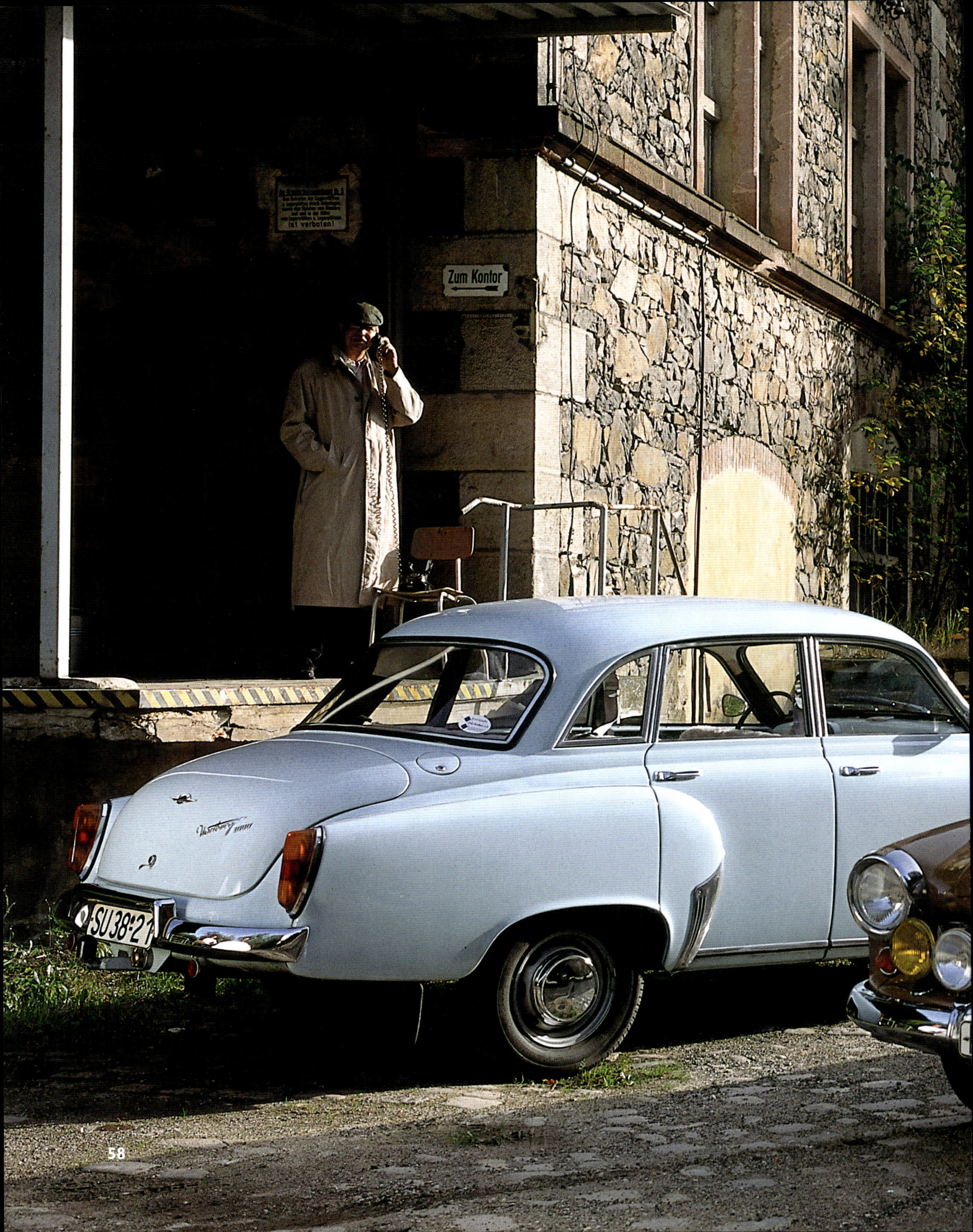
Zum Kontor
SU 38-21

Wartburg 312 Limousine

Der Baulöwe

Die äußere Form des Wartburg, dem Anklänge zur Borgward Isabella nachgesagt werden, war voll auf der Höhe ihrer Zeit. Für dieses Traummobil wurden sehr lange Lieferzeiten in Kauf genommen, die sich nur abkürzen ließen, wenn man besonders privilegiert oder geschäftstüchtig war. 1965 folgte als kurzzeitiges Zwischenmodell der Typ 312. Er hatte bereits das Fahrwerk des kantigen Wartburg 353, der hunderttausendfach vom Band laufen sollte.

Im Bemühen um ein Nachfolgemodell war 1954 in Eisenach auf Basis des bisherigen F9 ein in Eigeninitiative aufgebauter Prototyp entstanden – intern EMW 311/0 genannt. Man verwendete wichtige Baugruppen vom F9, sorgte sich aber trotz übernommener Stylingmerkmale (z.B. die hinteren Kotflügel) um eine eigenständige Form. Durch den beibehaltenen, kleinen Radstand des F9 wirkte das Unkat allerdings längst nicht so gefällig wie die ab 1955 gebauten Serien-311er, deren Achsen dann zehn Zentimeter weiter auseinander gesetzt wurden.

Fahrwerk und Dreizylinder-Motor des neuen EMW 311 – der die Zusatzbezeichnung „Wartburg" erhielt – stammten in der Grundkonzeption weiterhin vom F9 ab. Nunmehr grundsätzlich viertürig, mit größerem Radstand, weniger stark gewölbten hinteren Kotflügeln und mit auf 37 PS gesteigerter Motorleistung markierte dieses Auto den Einstieg in die Mittelklasse. Erkennbar ist die frühe Wartburg-Ausführung am horizontal betonten, niedrigen Grillgitter und dem farbigen EMW- bzw. AWE-Logo auf der Motorhaube. Ab 1957 wurde neben der Standardversion (311-0) auch eine Luxus-Variante (311-1) angeboten. Das neue Auto war ab 14.700 Mark zu haben.

1961 erfuhr der 900-cm³-Motor eine Leistungssteigerung auf 40 PS, ein Jahr später erschien schließlich der Wartburg 311/1000 mit 45 PS starkem 1,0-Liter-Motor. Mitunter wurde er fälschlich bereits als Typ 312 bezeichnet. Die ersten ausgelieferten Autos sollen sogar den entsprechenden Schriftzug erhalten haben, den es später noch im Zubehörhandel zu kaufen gab. Um diesen Eisenacher Wagen, dessen Fahrwerk mit vorderer und hinterer Querblattfeder unverändert geblieben war, soll es hier aber nicht gehen. Äußerlich unterschied sich die nun endlich als Fünfsitzer zugelassene Limousine übrigens nur marginal vom 311 mit 900-cm³-Motor – so änderte sich ab Januar 1963 die Form der Rückleuchten. Das Firmenlogo war – was mancher Wartburg-Liebhaber bedauert – schon seit 1961 nicht mehr farbig ausgeführt.

Bis zum Debüt des Typs 311/1000 waren rund 150.000 Wartburg – meist in Limousinen-Ausführung – auf die Straßen gelangt, viele davon in den Export. Der Preis des 109.000 mal gebauten 1,0-Liter-Wagens war erstaunlicherweise gegenüber dem der hubraumschwächeren Variante gleich geblieben: Die Limousine kostete weiterhin rund 15.200 Mark.

Als Interimstyp vor Einführung des Wartburg 353 wurde vom 1. September 1965 bis Mitte 1966 die hier gezeigte Wartburg 312 Limousine gebaut – Kenner bezeichnen sie als „Zwitter". Denn das gründlich renovierte Auto verfügte bereits über das neue Schraubenfeder-Fahrwerk (ringsum Einzelradaufhängung mit Gummizusatzfedern, neue Teleskop-Stoßdämpfer, Querstabilisator, hinten Schrägpendelachse, neue Lenkung) mit weicherer Auslegung als beim 353.

Ungewöhnlich die 13-Zoll-Räder und die Niederquerschnittsreifen, die ziemlich verloren in den großen Radausschnitten wirken – denn diese waren ja für

Wartburg 312 Linousine
Der Baulöwe

Der Wartburg – hier zweimal der Typ 312 – war das Traumauto in der DDR (Seite 58/59). Diese Limousinen hatten bereits das neue Schraubenfeder-Fahrwerk

Zwei Rundinstrumente dominieren das Cockpit, das neue Zweispeichenlenkrad ohne Hupring hatte original einen hellen Kranz mit schwarzer Prallplatte

15er-Reifen konstruiert worden. Gleichzeitig entfielen die meisten der 1962 eingeführten Schmiernippel. Sie hatten zuvor die Zentralschmierung ersetzt. Das Fahrwerk war nun über 50.000 Kilometer wartungsfrei. Es blieb bei der Einkreisbremsanlage. Neu war aber das unterhalb des Sitzes am Rahmenlängsträger platzierte Druckkraftbegrenzungsventil für die hinteren Trommeln, um ein Ausbrechen des Hecks bei Vollbremsung zu verhindern.

Die Standard-Limousine 312/0 kostete nun 15.970 Mark, die ein- bzw. zweifarbige Luxus-Version 312/1 mit den typischen Zierleisten war 17.570 Mark teuer. Beide wurden in Eisenach gebaut, und beide waren außerordentlich begehrt – die Lieferfristen im Inland wurden von Jahr zu Jahr länger. Die Bezeichnung „312" sucht man an unserem zenithblauen Fotoauto, einem frühen Standard vom September 1965, indes

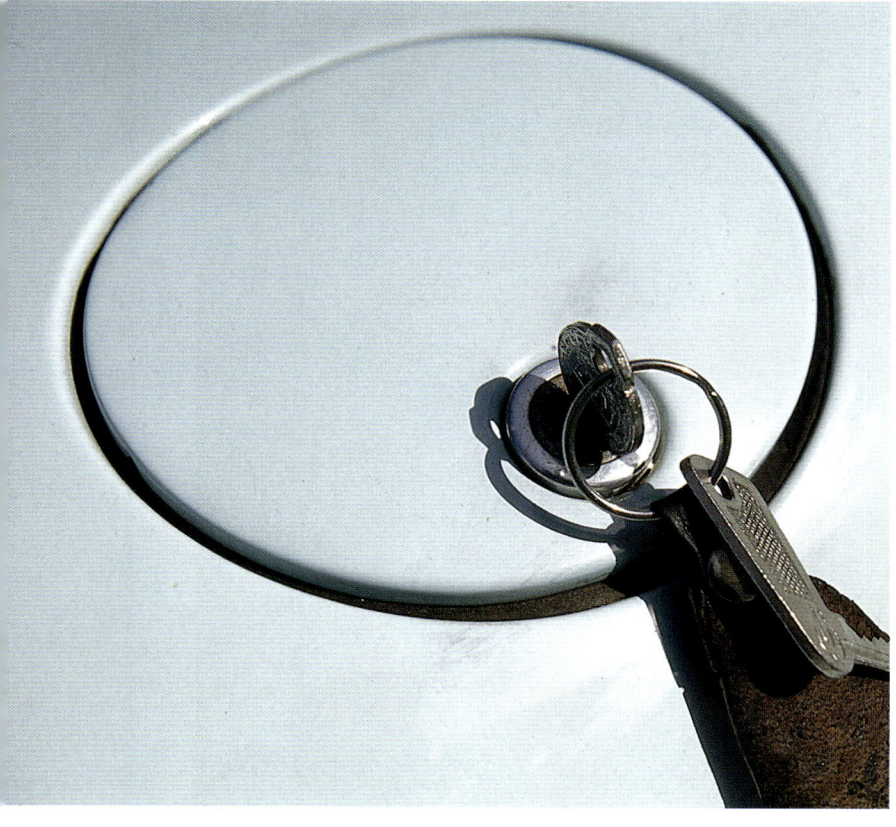

Dieses Firmen-Logo in Schwarz-weiß trugen alle Wartburg-Modelle ab dem Jahr 1961

Der abschließbare Tankdeckel rechts unterhalb der Heckscheibe gehörte seit 1961 zur Serienausstattung, ein Einschlüsselsystem war damals noch kein Thema

vergeblich: Es blieb im Prinzip bei der bekannten Bezeichnung „Wartburg 1000" und dem Logo „VEB Automobilwerk Eisenach". Die 312er-Kennzeichnung konnte jedoch auch hier nachgerüstet werden. Den simplen „Wartburg"-Schriftzug auf der Motorhaube gab es dagegen bereits seit 1961.

Auch das zweite Foto-Auto ist ein im VEB Karosserie-Werke Dresden hergestellter 312er, zugelassen im August 1966. Die nachträgliche biberbraune Lackierung samt Doppelstreifen und einige Um- und Anbauten (beispielsweise die aufgeklebte Heckscheibenheizung) waren typisch für den DDR-Alltag: Durchschnittliches wurde verbessert, Bewährtes optimiert, Neues aber mangels Masse kaum geschaffen.

Nur wenige Exemplare des Wartburg 312 wurden 1966 mit einem neuen, aus horizontalen Zierstäben statt des bisherigen Gitters gebildeten Kühlergrill versehen und so unter anderem für Werbefotos aufgenommen – so sollten sie künftig in den Export gehen. Vereinzelt tauchten solche Fahrzeuge auch im Inland auf. Der erste westdeutsche „Tatort"-Krimi „Taxi nach Leipzig" zeigte ein solches Auto im Einsatz.

Neu waren auch Teile der Innenausstattung. So hatte der 312 ein Zweispeichen-Lenkrad ohne Hupring nach 353-Muster statt des bisherigen Dreispeichen-Lenkrads – original müsste es einen hellen Kranz mit schwarzer Prallplatte haben. Es blieb auch beim links unterhalb des Lenkrads platzierten Zündschloss – nur soviel zur Legende, ausschließlich Porsche hätte diesen Platz reserviert! Nur bei der Luxus-Ausführung mit den typisch geschwungenen, seitlichen Zierleisten waren die Rücklehnen inzwischen bis zur Liegeposition einstellbar.

Die Beifahrertür ließ sich weiterhin nicht von außen abschließen, sondern nur von innen verriegeln. Die eloxierten Spritzschutz-Bleche aus Alu an den hinteren Kotflügeln gehörten zum normalen Lieferumfang. Serienmäßig war auch der seit 1960 abschließbare Tankdeckel, im Zubehörhandel ließ sich die hier abgebildete Anhängerzug-Vorrichtung erstehen. Der außerordentlich geräumige Kofferraum (420 Liter) war weiterhin horizontal geteilt, unter dem Zwischenboden befand sich das Ersatzrad. Motorhaube und Kofferraumklappe verfügten über selbsttätig einrastende Abstützungen. Vom Vorgänger 311/1000 übernommen wurde die Schaltung für die hinteren Stopplichter, die bei eingelegtem Rückwärtsgang leuchteten. Es blieb aber beim 6-Volt-System.

Der 45 PS starke Motor mit Pumpenumlaufkühlung, Lüfter und Thermostat wurde dagegen behutsam ver-

Wartburg 312 Linousine

Der Baulöwe

Der Kofferraum fasst 420 Liter. Das Reserverad liegt unter einem Zwischenboden, die Heckklappe reicht weit nach unten

Noch beatmete ein Flachstromvergaser den 1,0-Liter-Motor, den Fallstrommixer bekamen nur die allerletzten 312er-Ausführungen

Neben dem hier gezeigten 312-Kühlergrill gab's auch eine Export-Version mit horizontalen Zierstäben

ändert. Vorgesehen war der Wechsel vom bisherigen Flachstrom- zum Fallstromvergaser mit kraftstoffsparender Starteinrichtung – aber dieses Goodie kam dann erst dem Typ 353 und den bis 1967 gefertigten letzten 312-Versionen Kombi und Camping-Limousine zugute. Neu war aber das nunmehr geschlossene Kühlsystem, damit einher ging eine Verbesserung der Heizleistung.

Auch die dreiteilige Auspuffanlage wurde nochmals überarbeitet. Das modifizierte Vierganggetriebe mit verbesserten nadelgelagerten Gelenkwellen blieb dagegen weiterhin unsynchronisiert im ersten Gang. Erst der Wartburg 353 sowie die letzten noch im Programm befindlichen 312 Kombis und Camping-Limousinen sollten 1967 die Vollsynchron-Schaltbox erhalten.

Bis zum Produktionsstopp entstanden 25.036 Wartburg 312-Limousinen (Standard, de Luxe, Schiebedach, Schiebedach de Luxe).

Daten & Fakten: Wartburg 312 Limousine

▶ **Motor:** Dreizylinder-Reihenmotor (Zweitakter) längs vor der Vorderachse; Hubraum 992 cm³; Bohrung x Hub 73,5 x 78,0 mm; Leistung 45 PS bei 4250/min; max. Drehmoment 91 Nm bei 3000/min; Verdichtung 7,3 - 7,5 : 1; vierfach gelagerte Kurbelwelle; ein Flachstromvergaser BVF H 36/2; Wasserkühlung (Pumpenumlauf, 8 Liter); Batterie 6V 84 Ah, Gleichstrom-Lichtmaschine 220 W..

▶ **Kraftübertragung:** Frontantrieb, teilsynchronisiertes Vierganggetriebe (I. 3,273; II. 2,133; III. 1,368; IV. 0,956; Antriebsübersetzung 4,438; Freilauf in allen Gängen) hinter der Vorderachse, Lenkradschaltung; Einscheiben-Trockenkupplung.

▶ **Karosserie/Fahrwerk:** Kastenrahmen mit Ganzstahlkarosserie verschraubt, Einzelradaufhängung vorn mit Doppelquerlenkern, Schraubenfedern und Teleskop-Stoßdämpfern, Einzelradaufhängung hinten mit Schräglenkern, Schraubenfedern, Teleskopstoßdämpfern und Querstabilisator; Einkreisbremsanlage (Trommeln), 6.00-13-Reifen auf 4.5 J x 13-Rädern; Zahnstangen-Lenkung.

▶ **Maße/Gewichte:** Länge / Breite / Höhe 4350 / 1590 / 1520 mm; Radstand 2450 mm, Spurweite v/h 1260 / 1300 mm; Leergewicht 920 kg; zul. Gesamtgewicht 1305 kg; 44 Liter Kraftstofftank (hinten).

▶ **Fahrleistungen/Verbrauch:** Höchstgeschwindigkeit 125 km/h; 0 - 100 km/h in 29,0 s; Verbrauch 10 Liter (Öl-Kraftstoff-Mischung 1 : 33) /100 km.

▶ **Bauzeit/Stückzahl:** 1965 - 1967, 36.287 Exemplare (davon 25.036 312/1).

Wartburg 312 Linousine
Der Baulöwe

„Wartburg 1000" lautet die Typenbezeichnung auf dem Heck, die 312-Ziffernfolge konnte nachgerüstet werden

Dazu kamen rund 11.000 Camping-Limousinen, Hardtop-Coupés, Pick-ups und Kombis. Die offizielle Produktionsstatistik vermeldete nach zwei Vorserienexemplaren von 1964 genau 9.283 Limousinen für 1965 und 15.751 in 1966. Dann gab's nur noch den Camping und den Kombi. Die Produktion endete im März 1967. Von den insgesamt 36.287 Exemplaren des 312 ging über ein Drittel – nämlich 12.665 Stück – in den Export. Hauptlieferländer waren die Tschechoslowakei, Polen sowie Benelux, Finnland und Schweden. Noch 20 Jahre später waren die rundlich gezeichneten Autos auf den Straßen der DDR präsent. Insgesamt fast 300.000 Einheiten 311er und 312er hatten bis 1967 einen Erstbesitzer gefunden – 1989 sollen noch etwa 100.000 in der DDR zugelassen gewesen sein. Wer einen Wartburg 312 besaß, baute ihn meist irgendwann zum 353 um – ein relativ leichtes und vom Werk geduldetes Unterfangen, wenn man denn in den Besitz einer Ersatzkarosse gelangte. Und wenn man einen Kfz-Schlosser („Forum geht's denn?" – Anspielung auf die in den Intershops akzeptierten Forum-Devisenschecks) entsprechend motivieren konnte.

Wie frustrierend so etwas sein konnte, zeigte der DEFA-Film „Der Baulöwe" von 1979: Hier wollte ein offensichtlich weltfremder Promi (Rolf Herricht) eine Datsche an der Ostsee errichten – musste aber erkennen, dass im Osten Deutschlands trotz anderslautender offizieller Bekundungen nicht Arbeiter, Bauern oder gar künstlerische Intelligenz, sondern die Handwerker die wirklich herrschende Klasse bildeten. ◄

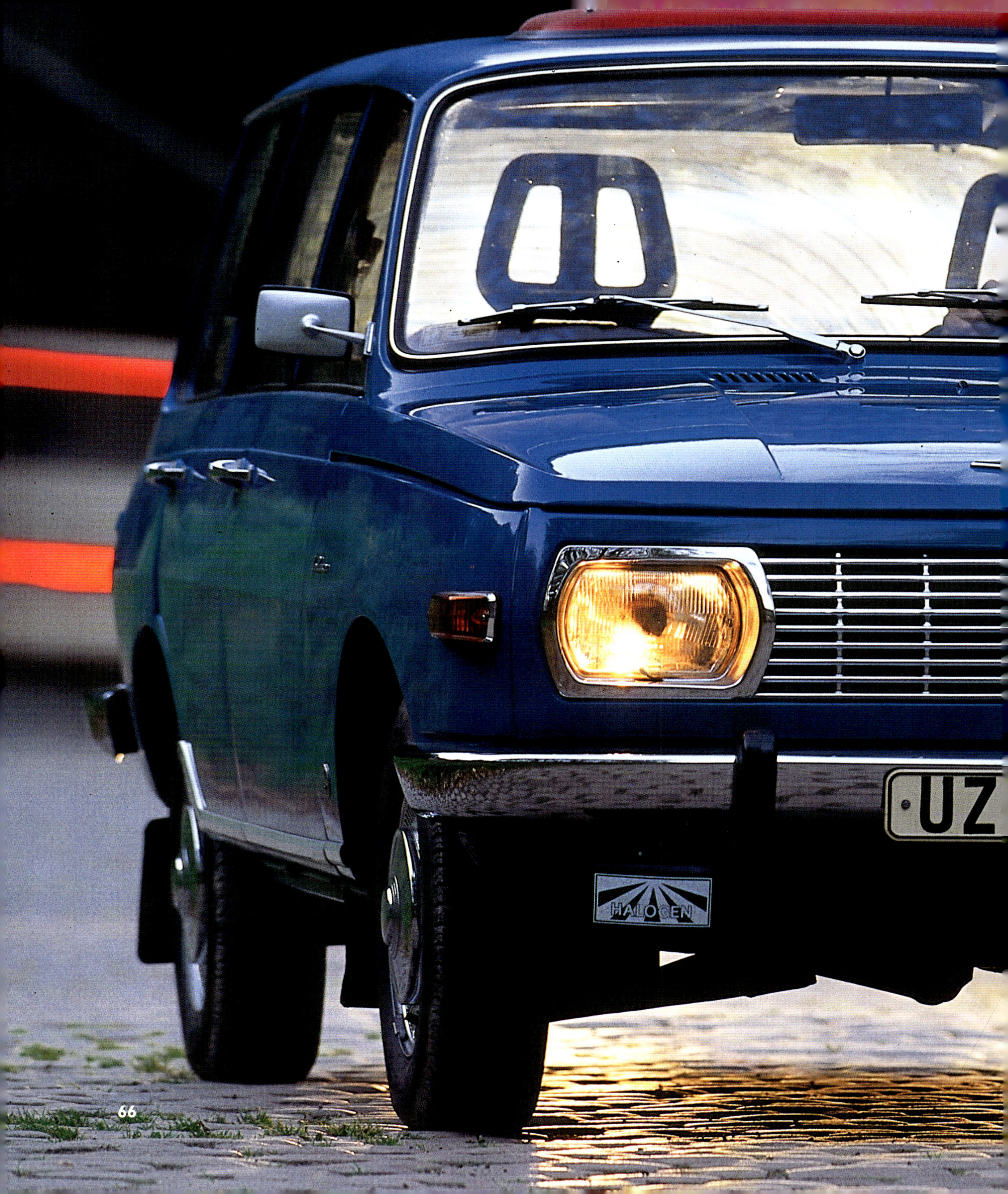
UZ
HALOGEN

Wartburg 353 W Tourist

Karbid und Sauerampfer

Der kantige Typ 353 mit der Hecktür war das begehrteste Auto in der DDR, und 15 Jahre Wartezeit waren alles andere als unüblich. Denn dieses Fahrzeug war ein Alleskönner, in dem nicht nur Baumaterial für die Datsche befördert wurde, sondern auch in den Urlaub an den Plattensee gefahren wurde: Geschlafen wurde hinten im Laderaum.

So ein Fahrzeug hätte Kalle Blücher – Held eines legendären, in Schwarz-weiß gedrehten DEFA-Films von 1963 – gebraucht, als er auszog, um sieben Fässer Karbid von Wittenberg nach Dresden zu transportieren. Mit viel Glück und Einfallsreichtum schaffte er das schließlich binnen mehrerer, sehr erlebnisreicher Tage. Ein Auto mit über 400 Kilo Nutzlast hätte diese Aufgabe selbst bei mehrfacher Hin- und Herfahrt in Tagesfrist geschafft. Zwischendurch wäre ein Nickerchen auf der Ladefläche möglich gewesen.

Die Kombiversion des 353 Wartburg hieß zwar Tourist, war aber zunächst in allererster Linie für den Transport kleinerer Güter gedacht. Erst später wurde dieses Auto zum idealen Freizeitgefährt und übertraf in der Käufergunst sogar den sowjetischen Lada, der in der DDR als Nonplusultra automobiler Fortbewegung

Wartburg 353 W Tourist

Karbid und Sauerampfer

Dieser 1977er 353 W Tourist de Luxe aus dem Karosseriewerk Halle ist ein gepflegtes Liebhaberstück

galt. Sein Debüt erlebte der Kombi mit der modisch angeschrägten Heckpartie und der nach oben öffnenden Klappe im Oktober 1967. Anders als die Limousine hatte der Kombi von Anfang an Gummihörner auf den verchromten Stoßfängern.

Sowohl die Standard- als auch die Luxus-Ausführung wurden in den Karosseriewerken Halle (KWH) und Dresden (KWD) hergestellt. 17.700 Mark kostete der Einfach-Kombi, 18.800 Mark der aufgewertete Fünftürer. Den im ehemaligen Karosseriewerk Kathe & Sohn in Halle gefertigten Exemplaren sagt man allerdings eine schwankende Qualität nach – denn dort sollen gelegentlich Häftlinge zum zwangsweisen Einsatz gekommen und entsprechend demotiviert gewesen sein.

Die Einbauverhältnisse entsprechen denen des Vorgängers, der Kühler sitzt hinter und nicht vor dem Motor

Vor allem aber wurden hochspezialisierte Fachkräfte von der mit höheren Verdienstmöglichkeiten winkenden chemischen Industrie abgeworben.

Seit Juli 1966 war die neugestylte und in vielerlei Hinsicht erneuerte Limousine im Programm, die ungeachtet ihrer kantigen Form einen cW-Wert von 0,49 hat. „Schlicht, übersichtlich, geräumig und wartungsfreundlich", hieß es in einem Fahrbericht der Stuttgarter Fachzeitschrift „mot" – Exterieur und Nutzwert des Autos entsprachen voll dem damaligen Zeitgeschmack. Ein westlicher Designkritiker lobte die funktionale Form: „Im Gegensatz zum rundlichen Vorgänger handelte es sich hier geradezu um eine Bauhaus-Konstruktion." Die Formgebung stammt vom Eisenacher Hausdesigner Hans Fleischer und nicht, wie gelegentlich zu lesen, von Renault. Die Franzosen steuerten aber Werkzeuge und Karosseriepressen zu.

Der Wartburg 353 nutzte zunächst das Fahrgestell des Interimsmodells 312, verfügte aber schon über eine Reihe echter Verbesserungen. Ärgerlich nur, dass der Kühler nicht direkt hinters Grillgitter wandern durfte, sondern in ungünstiger Position hinter dem Motor auf dem Rahmenquerträger verharren musste. Grund dafür war, dass Fahrgestelle und Karosserien von 312 und 353 austauschbar bleiben sollten. Darum musste ein sehr starker und lauter Lüfter eingesetzt werden; erst 1985 gab's einen komfortableren Frontkühler mit Elektrolüfter.

Wartburg 353 W Tourist
Karbid und Sauerampfer

Die Nutzmasse des Tourist liegt bei über 400 Kilogramm. Nebelleuchten, Radio und rechter Außenspiegel waren aufpreispflichtig

Heckklappe und hintere Kotflügel bestehen nur bei der Kombi-Version aus Kunststoff. Die Heckleuchteneinheit ist die gleiche, die bei der Limousine zum Einsatz kam

Aber der 353 hatte von Anfang an eine 12-Volt-Anlage, ein allerdings erst ab Juni 1967 eingesetztes Vollsynchrongetriebe sowie einen kraftstoffsparenden 36er-Fallstromvergaser, der 1969 von einem 40er-Mischer ersetzt wurde (erst 1982 kam dann ein weiter verbrauchsreduzierender Jikov-Vergaser). Bei dieser Gelegenheit wich die Randfederkupplung einer leichter zu bedienenden Tellerfederkupplung (1969), außerdem gelangten verstärkte Bremstrommeln zum Einsatz. Bis in die 70er-Jahre hinein wurden durchsichtige Sicherungs-Schaukästen verwendet, die eine problemlose Kontrolle ermöglichten. Später wurden dann schwarzgefärbte Kästen eingesetzt.

Im Zuge eines Maßnahmepakets vom Mai 1969 stieg die Höchstleistung des Wartburg 353/1 von 45 auf 50

Die Konstruktion des Wartburg war bewusst so einfach ausgelegt, dass Selbsthilfe jederzeit möglich war

PS. Und dabei sollte es bleiben, auch nachdem 1975 der 353 W (W für Weiterentwicklung) herauskam und bis 1989 im Programm blieb. Nur einige von 1971 bis 1975 gebaute Limousinen und Kombis für „Sonderbedarfsträger" (darunter vor allem die DDR-Staatsicherheit) bekamen getunte 55 PS-Motoren sowie eine Bodenschutzverkleidung.

Für den Einsatz im 353 wurden dünnere Bleche als beim Wartburg 311 / 312 verwendet – das ergab eine Einsparung von rund 70 Kilo. Heckklappe und hintere Kotflügel des Tourist bestanden dagegen stets aus Kunststoff, was gewisse Einschränkungen bei der Farbwahl mit sich brachte: Verwendet wurden nur Lacke, die schon bei 85 Grad aushärteten. Die gewöhnungsbedürftigen, aufgesetzten Rückleuchten fanden sich übrigens gleichermaßen in Limousine und Kombi.

Gern georderte Extras waren das Stahlschiebedach (400 Mark Aufpreis), die Anhänge-Zugvorrichtung („Hamsterhaken" genannt), das RFT-Radio Stern Transit oder der Autosuper A 310 (1975: Aufpreis 700 Mark) einschließlich der links an der A-Säule befestigten Teleskopantenne und die bei unserem Fotoauto – einem neptunblauen Tourist de Luxe von 1977 – nicht realisierte hintere Wisch-Wasch-Anlage. Er verfügt dagegen über Halogen-Nebelscheinwerfer und Nebelschlussleuchte sowie die Knüppelschaltung, die technisch jedoch weniger Sinn machte als die serienmäßige Lenkradschaltung. Entwickelt worden war sie 1968 für Rechtslenkerausführungen. Im Inland war die Knüppelschaltung zum gleichen Zeitpunkt gegen Aufpreis zu haben. Ab 1984 gehörte sie zur Serienausstattung des S-Modells; beim standardmäßigen 353 W kostete sie 200 Mark extra.

Der 353 W hatte erstmals vordere Scheibenbremsen (zunächst aus tschechoslowakischer Produktion), allerdings ohne Bremskraftverstärker. Er verfügte in diesem Zusammenhang endlich über eine Zweikreis-Hydraulik. Wobei bereits der ursprüngliche 353 die verbesserte Einkreis-Bremsanlage einschließlich hinteren Bremsdruckbegrenzers à la 312 hatte. Seit 1971 gab's optional die hier gezeigten 165 SR 13-Radialreifen von Pneumant. Neu waren auch die Drehstrom-Lichtmaschine und die Halogen-Scheinwerfer. Äußerlich zu erkennen war das renovierte Modell nur von Kennern – beispielsweise an den H4-Leuchten, den

Wartburg 353 W Tourist

Karbid und Sauerampfer

Ab 1969 gab's diese Rundinstrumente, weitere Dreh- und Drückschalter saßen wirr verstreut im Instrumententräger. Die Knüppelschaltung galt als Besonderheit

„Hamsterhaken" nannte der Volksmund die Anhänge-Zugvorrichtung. In der DDR war sie höchst erstrebenswert und bei Gebrauchtwagen niemals wertmindernd

Nebel-Scheinwerfern und -Rückleuchten sowie an der Instrumententafel.

Auf das gelegentlich herbeigeschriebene schwarze Kühlergrill, das den Chromgrill ersetzte, musste bis 1984 gewartet werden. Den vorderen, stets in Blech ausgeführten Frontspoiler zur Aufnahme der Nebellichter gab es erst ab Januar 1981 und dann erneuert 1985 im Zusammenhang mit dem ganz neuen, nun wieder in Wagenfarbe lackierten Grill. Eine Zeitlang wurde für den Spoiler Tiefziehblech aus der Sowjetunion bezogen: Es war jedoch von so schlechter Qualität, dass die Eisenacher Lehrlingsabteilung wochenlang mit dem Nachschweißen angegammelter Partien beschäftigt war.

Auch beim Interieur des 353 W hatte sich einiges verändert. So gehörte endlich die Sicherheits-Lenksäule zur Serienausstattung, 1984 waren die Automatik-Sitzgurte (anfangs Import aus der Sowjetunion, dann Fer-

Unterhalb der Zusatzbezeichnung „de luxe" befindet sich das Logo des Karosseriewerks Halle

tigung nach schwedischer Lizenz in der DDR) serienmäßig lieferbar. Im überarbeiteten Instrumententräger fanden sich neue, größere Rundinstrumente (353 bis 1969 mit Flachgeräten, danach kleine Rundinstrumente ohne Blendschutz). Die beheizte Heckscheibe kam erst 1978, für Kopfstützen musste man sich bis 1980 gedulden (Serie ab 1984) – oder sie wurden einfach nachgerüstet wie bei diesem de-Luxe-Fahrzeug, das auch 1981er-Sitze bekam. Ein griffigeres Lenkrad aus PUR-Schaum ließ bis 1981 auf sich warten. Optional gab's einen Bord-Feuerlöscher aus Neuruppiner Produktion.

Vorn im 353 waren in der Luxus-Version Liegesitze eingebaut, auf Sonderwunsch konnten sie für 300 Mark Aufpreis auch für den Standard geordert werden. Ab 1981 gehörten sie zum Lieferumfang aller Wartburg-Ausführungen. Optional gab's auch das Gebläse für den Standard; 1980 war es für alle 353er serienmäßig. Und mit wenig Mühe ließ sich die hintere Sitzbank vorklappen und die Sitzlehne umlegen. Dann erhielt man eine riesige, ebene Ladefläche von 2,4 m², auf der dank 1,94 Meter Länge auch problemloses Campen möglich war. Schon der Kofferraum der Limousine war mit 525 Liter sehr groß, im Tourist ließen sich bis zu 1800 Liter verstauen.

Daten & Fakten: Wartburg 353 W Tourist

▶ **Motor:** Dreizylinder-Reihenmotor (Zweitakter) längs vor der Vorderachse; Hubraum 992 cm³; Bohrung x Hub 73,5 x 78,0 mm; Leistung 50 PS bei 4250/min; max. Drehmoment 98 Nm bei 3000/min; Verdichtung 7,5 : 1; vierfach gelagerte Kurbelwelle; ein Fallstromvergaser BVF 40 F1-11; Wasserkühlung (Pumpenumlauf, 8 Liter); Batterie 12V 42 Ah, Drehstrom-Lichtmaschine 500 W.

▶ **Kraftübertragung:** Frontantrieb, vollsynchronisiertes Vierganggetriebe (I. 3,769; II. 2,160; III. 1,347; IV. 0,906; Antriebsübersetzung 4,222; Freilauf in allen Gängen) hinter der Vorderachse, Lenkradschaltung (optional ab 1985 Knüppelschaltung); Einscheiben-Trockenkupplung.

▶ **Karosserie/Fahrwerk:** Kastenrahmen mit Ganzstahlkarosserie verschraubt, Einzelradaufhängung vorn mit Doppelquerlenkern, Schraubenfedern und Teleskop-Stoßdämpfern, hinten Einzelradaufhängung mit Schräglenkern, Schraubenfedern, Teleskop-Stoßdämpfern und Querstabilisator; Zweikreisbremsanlage (vorn Scheiben, hinten Trommeln), 6.00-13-Reifen (optional 165 SR 13) auf 4,5 J x 13-Rädern; Zahnstangen-Lenkung.

▶ **Maße/Gewichte:** Länge / Breite / Höhe 4380 / 1642 / 1495 mm; Radstand 2450 mm, Spurweite v/h 1280 / 1300 mm; Leergewicht 970 kg; zul. Gesamtgewicht 1410 kg; 44 Liter Kraftstofftank (hinten).

▶ **Fahrleistungen/Verbrauch:** Höchstgeschwindigkeit 130 km/h; 0 - 100 km/h in 21,5 s; Verbrauch 11,0 Liter (Öl-Kraftstoff-Mischung 1 : 50) /100 km.

▶ **Bauzeit/Stückzahl:** 1966 - 1989 (353 W ab 1975), 1.225.429 Wartburg 353/353 W (davon rund 200.000 Stück 353 W Tourist).

Wartburg 353 W Tourist
Karbid und Sauerampfer

Der Kombi ließ sich universell nutzen. Er transportierte sowohl Karbidfässer als auch die Campingausrüstung

In den Export Richtung Westeuropa gingen nur noch wenige Exemplare des zweitaktenden Wartburg – dort war längst die Viertakter-Zeit angebrochen. Lediglich in Skandinavien, in Belgien und in Großbritannien (hier bis zum Importstopp für Zweitakter im Jahr 1974 unter der Modellbezeichnung „Knight") ließen sich noch einige Wagen absetzen, nach West-Deutschland gelangten ganze 735 Fahrzeuge. Dafür nahm die Ausfuhr nach Osteuropa, insbesondere nach Ungarn, ständig zu.

In der DDR kostete der begehrte Tourist 1975 in Standard-Ausführung 17.700, als de Luxe 18.700 Mark, exakt 750 Mark mehr als die Limousine. Und man hatte zirka drei Jahre länger auf das gute Stück zu warten – wer außerhalb der Hauptstadt Berlin wohnte und nicht zum Kreis bevorzugter Berechtigter gehörte, musste sich auf über 15 Jahre Lieferzeit einstellen.

Die Produktion der Wartburg 353 W/S Limousine endete 1988, die des Tourist ein Jahr später – denn inzwischen war der Viertakt-1.3er angelaufen. Als dritte Aufbauversion war 1983 noch der Pick-up Trans hinzugekommen, andere Ausführungen gab es – trotz sehr detaillierter Planungen, die bis zu Coupé, Roadster und Kleinbus reichten – serienmäßig nie. Insgesamt entstanden über 356.000 Wartburg 353 und weitere knapp 870.000 Exemplare des 353 W – zusammen über 1,2 Millionen.

Der Kombi-Anteil war im Laufe der Jahre von anfangs 15 bis auf knapp 40 Prozent gestiegen – als Mittelwert über die gesamte Produktionszeit des 353 / 353 W dürften 25 Prozent gelten. Mehr wäre besser gewesen, die Nachfrage nach dem Tourist übertraf alle Vorstellungen. Denn zu transportieren hatte im Zuge der allgemeinen Tauschwirtschaft jeder etwas – auch wenn Karbidfässer wie zu Zeiten Kalle Blüchers nicht mehr ganz oben auf der Wunschliste standen.

Wartburg 1.3 Trans (Langversion)

Spur der Steine

76

Pick-ups und Lieferwagen waren der Traum jeden Handwerkers in der DDR. Doch als das Automobilwerk Eisenach 1983 den 353 W Trans herausbrachte, hatte es eher die Exportmärkte im Blick. Einige Karosseriewerkstätten bauten angesichts der gewaltigen Nachfrage in Eigenregie derartige Fahrzeuge auf. Ein ganz besonderes Einzelstück war der von einem thüringischen Karosseriebaubetrieb verlängerte Wartburg 1.3 Trans.

Ganz hinten unter dem Holzboden der Ladefläche sitzt der Tankeinfüllstutzen. Der Transporter ist noch heute im Dauereinsatz bei einem Oldtimerrestaurator

Ursprünglich hatte der auf 5,10 Meter verlängerte Pritschenwagen einen hochaufragenden Plane-Spriegel-Aufbau. Zum Einsatz kam auch ein eigenentwickelter Kunststoff-Kofferaufbau, der ihn zum Werkstattwagen machte. Karosseriebauer Rolf Ihling plante, ihn zum Campingmobil weiterzuentwickeln. Links ein Wartburg 311 Coupé

Ob im Ausland noch Interesse an einem kleinen Pick-up besteht, fragen sich die Eisenacher Exportstrategen, die wieder einmal dringenden Devisenbedarf zu decken hatten. In den 50er- und 60er-Jahren hatten insgesamt 5.450 Pritschenwagen auf Basis des Wartburg 311 / 312 ihre Kunden in der DDR und rund um den Erdball gefunden; ein Großteil davon ging als „Schweinewagen" nach Kuba. Offiziell wurde ihre Fertigung damit begründet, dass man bis zu 40 Prozent Blech einsparen würde ... Warum nicht an diese Zeiten anknüpfen und beispielsweise den Griechen oder den Portugiesen so ein Auto andienen?

Darum erschien auf der Leipziger Herbstmesse 1983 jener Kleintransporter namens Wartburg 353 W Trans – die Modellbezeichnung war nach dem Beispiel amerikanischer Pick-ups unübersehbar auf die hintere, aushängbare Ladebordwand des Vorführwagens geprägt. Marktuntersuchungen hatten tatsächlich eine gewisse Nachfrage auf einigen Exportmärkten ergeben, noch dazu, weil der Wartburg dank seiner Rahmenbauweise robust, ungestraft überlastbar und gut geeignet auch für sehr schlechte Straßen war. Andererseits ließ sich ein solches Fahrzeug mit geringem zusätzlichen Werkzeugaufwand herstellen, was es noch profitabler machte.

Der Klein-Lastwagen nutzte das bekannte Chassis des 353 W mit Einzelradaufhängung rundum. Er verfügte über eine 2,2 m² große und 1,70 Meter lange, aus

Wartburg 1.3 Trans
Spur der Steine

Erstmals in einem Wartburg quer eingebaut war im 1.3er-Typ der neue, viertaktende VW-Lizenzmotor

Stahlblech gebildete Ladefläche und hatte 550 kg Nutzmasse – 400 kg durften auf der Pritsche transportiert werden. Spriegel und Planenverdeck sorgten für trockene und von außen nicht einsehbare Ladung – doch zunächst bestand dafür zumindest für den Binnenmarkt ein Engpass, und die Autos wurden „nackt" ausgeliefert.

Größter Abnehmer der Trans-Modelle war die griechische Importfirma Kamenos. Nachdem sich die Nachfrage nach dem zweitaktenden Pick-up außerhalb der DDR ansonsten aber in Grenzen hielt, blieb schließlich doch ein Großteil der bis 1988 gebauten, insgesamt etwa 5.500 Fahrzeuge in der DDR (Jahresproduktion 1.000 bis 1.400 Einheiten). Hier wurde der Trans offiziell nur an staatliche Betriebe oder Landwirtschaftliche Produktionsgenossenschaften (LPG) abgegeben – zum günstigen Bedarfsträgerpreis von sehr deutlich unter 20.000 Mark. Wer dagegen als selbstständiger Handwerker im Inland ein solches Auto haben wollte, musste eine ministeriell abgesegnete Sondergenehmigung vorweisen. Oder er erwarb das Auto über den Genex-Geschenkdienst, wo aber 8.700 bis 9.000 West-Mark fällig wurden.

So fanden sich schon bald erstaunlich viele dieser Häuslebauer-tauglichen Autos in nicht staatlichem Besitz. Sie waren entweder für westliche Währung („Forum-Schecks") erworben, mit viel „Vitamin B" (B für Beziehungen) weitergereicht oder in einschlägig bekannten Kraftfahrzeugwerkstätten aus Ersatzteilen aufgebaut worden. Der Bedarf war riesig, denn Transportkapazität für sperrige Güter, ein paar Säcke Zement oder auch ein paar irgendwo „organisierte" Begrenzungssteine oder Dachziegel war immer gefragt. Der lange unter Verschluss gehaltene DEFA-Film „Spur der Steine" von 1966 zeigt das Dilemma des viel zu ehrlichen Brigadiers Manfred Krug alias Balla und gibt einen kleinen Einblick in die realexistierende Welt am Rande der sozialistischen Großbaustellen.

Wartburg 1.3 Trans
Spur der Steine

Rolf Ihling in Bad Salzungen (30 km südlich von Eisenach), Bruder des bekannten Eisenacher Buchautors und damals Besitzer einer Wartburg-Vertragswerkstatt, hatte sich auf den Um- und Neubau von Pritschenwagen spezialisiert. Auf Trans-Basis baute er zweiachsige, verlängerte Werkstattwagen auf. Als Hersteller auf dem Typenschild war „R. Ihling BaSa" eingestanzt. Nebenbei fertigte er aus Ersatzteilen noch mindestens 20 Trans in Original-Konfiguration.

Außerdem entstanden bei ihm zwei dreiachsige Abschleppwagen mit seitlichen, abnehmbaren Bordwänden aus Polyester für seine eigene Werkstatt. 20 cm hinter der Handbremsbefestigung waren neue Chassis-Hohlprofile eingeschweißt worden – damit wuchs die Gesamtlänge des Fahrzeugs auf 5,85 m. Die 1,65 m breiten und 1,45 m hohen Abschlepper wogen leer 1150 kg und hatten eine Nutzlast von 1250 kg.

Der erste Dreiachser (1975), ausgestattet mit Doppelscheinwerfern, Knüppelschaltung und mit der Aufschrift 353 W OEI (nach den Schöpfern Otto-Eggert-Ihling) versehen, verfügte über die verstärkten und mit Gummizusatzfedern aufgewerteten Pendelachsen des 353, die einen Pkw-ähnlichen Fahrkomfort vermittelten. Sie waren nur wenig verbreitet und trugen bis 1,5 Tonnen. Beibehalten wurden die 353-Trommelbremsen und der hintere Bremskraftbegrenzer. 140 mm Bodenfreiheit waren gegeben; mittels eines selbst konstruierten, via Ikarus-Lichtmaschine versorgten Spills wurde das Ladegut auf die Fahrschienen über den 165-13er Rädern gezogen.

Dabei handelte es sich nicht nur um havarierte Autos, sondern auch um Neuwagen von AWE, die Rolf Ihling im Auftrag der Eisenacher auf Messen oder zu Präsentationen fuhr. Selbst für die Fotoproduktionen des Genex-Katalogs – meist in und um Dresden – durfte er als Spediteur fungieren. Sein zweiter Dreiachser – ein Wartburg 1.3 – hatte dann zwei hintere Starrachsen und ersetzte die 1988 außer Dienst genommene Erstschöpfung. Später ging das Fahrzeug ans Automobilmuseum in Eisenach.

Das Hauptgeschäft der kleinen Firma aber bildeten die zweiachsigen Werkstattwagen (Pritsche mit Auf-

Neues Lenkrad, neue Instrumententafel, neuer Schaltknüppel – und dennoch bleibt das typische Raumgefühl

81

bau), die im Pannenhilfsdienst eingesetzt wurden. Zwischen 1985 und 1990 baute Ihling jährlich zehn solcher Fahrzeuge. Auch hier wurde das Chassis im Bereich der B-Säule getrennt und neu aufgebaut. Mit 80 cm mehr Radstand ergab sich eine ausreichend große Ladefläche. Alle Werkstattwagen verfügten über eine eigenentwickelte, hintere Starrachse.

Für einen solchen Zweiachser baute Rolf Ihling 1987 einen 1,90 m hohen PVC-Aufsatz mit tragendem Stahlgerüst, der sich von vier Helfern aufsetzen ließ. Darin brachte er eine komplette Werkstattausrüstung einschließlich Schweißgerät unter. Offiziell entstand dieses Gefährt im Rahmen einer Parteitags-Initiative: Das private Handwerk bekam die Chance, sich mit pfiffigen Ideen in den gesellschaftlichen Prozess einzubringen – und Ihling erklärte sich bereit, für einen international ausgeschriebener Jagdwaffen-Wettbewerb in Suhl den Werkstattwagen zur technischen Absicherung der Veranstaltung bereitzustellen. Entsprechend schnell wurden alle Genehmigungen erteilt, so ein vielseitig nutzbares Auto zu bauen. Das Projekt verschlang ein dreiviertel Jahr.

Der sich nach oben verjüngende Aufbau war erstaunlicherweise mit fünf Fenstern versehen und verfügte über eine nach oben öffnende Hecktür. Sogar ein Schiebedach – vom Wohnwagen QEK Junior – war vorhanden. Denn hinter dem Ganzen steckte eine clevere Geschäftsidee: Ihling plante den Aufbau eines Wohnmobils auf Wartburg-Basis und hätte damit eine Riesen-Marktnische aufgetan. Erste Pläne für ein solches Wohnmobil reichte er im Januar 1987 ein, Verhandlungen mit QEK-Hersteller Isoco Schmiedefeld liefen bereits. Mit dem beschriebenen Aufbau testete er die Camping-Eigenschaften der Konstruktion.

Zu den Kunden Rolf Ihlings zählten vor allem Handwerker und kleine Betriebe im Kreis Bad Salzungen, aber auch der Militärverlag in Ost-Berlin – nicht aber die Eisenacher Rallye-Werksmannschaft. Die ließ von einer hauseigenen, sozialistischen Arbeitsgemeinschaft unter Leitung von Motorsportchef Karlfried Weigert zwei deutlich breitere Transporter bauen. Die handgefertigten, offenen Dreiachser, auf denen Rallye-Wartburg bis hinunter nach Marokko kutschiert wurden, nutzten nur das Fahrerhaus des Trans – alles andere wurde neu gebaut oder angepasst. Zwischen den Rädern, etwa 30 Zentimeter über dem Boden, befanden sich die zwei Schienen zur Aufnahme des Sportgeräts. Die verbreiterten Achsen stammten vom Wohnanhänger Intercamp aus Bellwitz bei Bautzen.

Ab 12. Oktober 1988 lief alternativ zum Zweitakt-353 die Fertigung des Wartburg 1.3 mit quer eingebautem Viertakter aus der Alpha-Motorenreihe von VW (Lizenzbau als Barkas B 860 in Karl-Marx-Stadt) an – die Zweitakt-Ära war damit vorüber. Der Lizenzvertrag für den Polo-Vierzylinder war bereits 1984 geschlossen worden. Angeblockt an den Motor war das vom Automobilwerk Zwickau für die neuen Viertakttypen Trabant 1.1 und Wartburg 1.3 entwickelte Vierganggetriebe. Es galt aber als störanfällig und unbefriedigend.

Überarbeitet wurde das Rahmenchassis-Fahrwerk, modifiziert wurden auch Front und Heck des Autos. Die verbreiterte Spur erforderte allerdings verbreiterte vordere Kotflügel, was der modernisierten Optik des Autos zugute kam: Vor der A-Säule war der Wartburg tatsächlich neu gestaltet worden. Die Motorhaube war flacher als beim 353, die Heckklappe aber etwas höher. Die neuen Schweißroboter für diese Partien stammten aus West-Deutschland. Größere Blink- und Rückleuchten sowie Kunststoff-Stoßfänger setzten gleichfalls neue stilistische Akzente.

Im Laufe des Jahres 1989 hatte sich der 1.3 Tourist hinzu gesellt. Seine Nutzmasse betrug 450 kg. Der Kombi kostete stolze 33.775 Mark, nach der Währungsumstellung 1990 waren es 15.590 Mark. Bereits 1988 war für 16.160 DM der viertaktende Pick-up Trans mit 2,1 m^3 Ladraum unter der Plane ins Typenprogramm aufgenommen worden, 1991 sank sein Preis auf 11.940 Mark. Er war aber – wie schon beim Vorgänger – nur für 550 kg Nutzmasse ausgelegt. 1989 wurden nur 13 Einheiten des Pick-ups ausgeliefert, für 1990 waren 500 vor allem für den Export nach Griechenland und Ungarn geplant. Insgesamt wurden zwischen Dezember 1988 und September 1990 exakt 919 Viertakt-Trans gefertigt.

Wartburg 1.3 Trans

Spur der Steine

Der Werkstattwagen in seinem natürlichen Umfeld. Ganz hinten ein Trans mit Kunststoffaufbau aus Ungarn, davor ein Kastenrahmen-Chassis, das problemlos mit einer Wartburg-Karosserie vervollständigt werden kann. Der lange Ihling-Trans hat allerdings eine blattgefederte hintere Starrachse

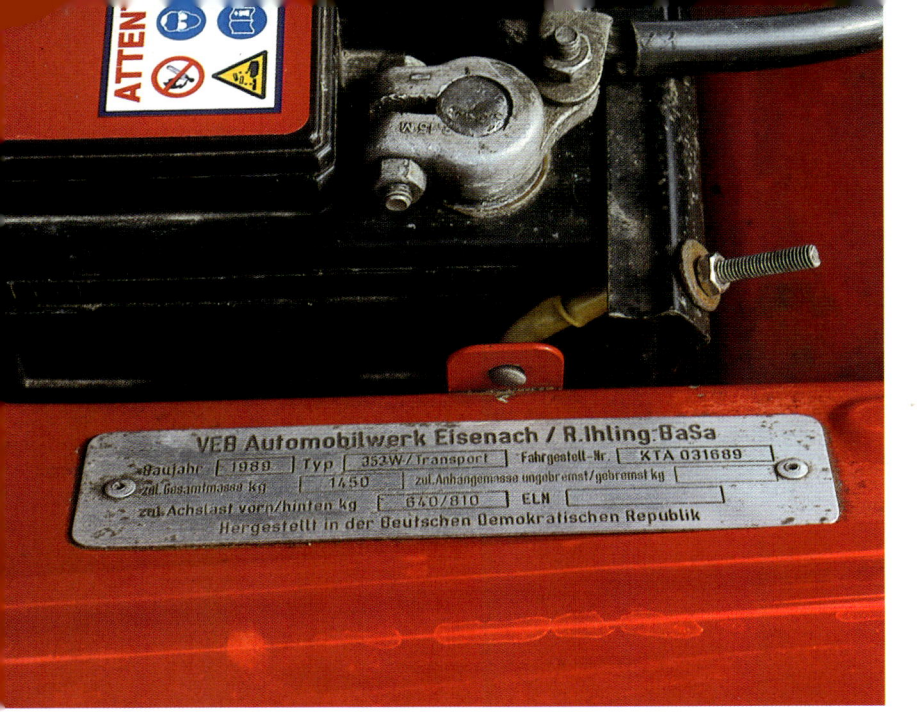

Als Hersteller des langen Trans sind das Eisenacher Werk und Rolf Ihling, Bad Salzungen, eingestanzt

Auch Rolf Ihling nahm sich der neuen Technik an und schuf den hier abgebildeten Zwitter. Sein „353 W / Transport" war 1989 auf Basis eines 1978er Wartburg gleichermaßen technisch und optisch zum Modell 1.3 umgebaut worden. Die diesmal nur 5,10 Meter lange Trans-Version, wiederum mit hinterer Starrachse und Längsblattfedern, hatte lediglich einen um 60 Zentimeter verlängerten Radstand. Die 2,45 m lange Ladefläche war 1,50 m breit.

Den im Rahmen jener Parteitags-Initiative geschaffenen PVC-Aufbau passte er so an, dass damit ausgedehnte Urlaubsfahrten möglich wurden. Gleichzeitig bekam der Wagen zwei 70-Liter-Tanks vom Kleintransporter Barkas B 1000, um im Ausland nicht tanken zu müssen und so die knappen Devisen einzusparen. Die schicken Schmutzabweiser unterhalb des Fahrerhauses kamen aber nur an diesem Einzelstück zum Einsatz. Alle drei abnehmbaren Bordwände sind verlängerte Trans-Bauteile.

Das Fahrzeug blieb ein Unikat und ging 1999 – allerdings ohne den Dachaufsatz – an einen Sammler in Thüringen. Der ist glücklich, auf der holzgedeckten Ladefläche mit 485 kg Nutzlast kompakte Restaurierungsobjekte wie einen Uralt-Dixi transportieren zu können. Er verpasste dem Werkstattwagen („Lkw offener Kasten") versteifende Stahlbügel zur Aufnahme zusätzlicher Leuchten. Der Betrieb der gelben Rundumleuchte ist ihm für die Pannenhilfe laut Kfz-Brief erlaubt. Statt des ursprünglichen Schriftzugs „Wartburg RIS" (Rolf Ihling Salzungen) prangt nun der Name „Wartburg" auf der hinteren Bordwand.

Doch die Wartburg-1.3-Ära ging schneller zu Ende, als gedacht. Weil angesichts der nun für jedermann ver-

Daten & Fakten: Wartburg 1.3 Trans (Langversion)

▶ **Motor:** Vierzylinder-Reihenmotor BM 860 quer vor der Vorderachse; über obenliegende Nockenwelle (Zahnriemen) angetriebene hängende Ventile; Hubraum 1272 cm³; Bohrung x Hub 75,0 x 72,0 mm; Leistung 58 PS bei 4400/min; max. Drehmoment 94 Nm bei 3300/min; Verdichtung 9,5 : 1; fünffach gelagerte Kurbelwelle; ein Fallstromvergaser BVF 34 TLA (oder Weber 34 F 1-2); Druckumlaufschmierung (3,0 Liter Öl); Wasserkühlung (Pumpenumlauf, 6,5 Liter); Batterie 12V 44 Ah, Lichtmaschine 800 W.

▶ **Kraftübertragung:** Frontantrieb, vollsynchronisiertes Vierganggetriebe (I. 3,250; II. 2,053; III. 1,342; IV. 0,956; Antriebsübersetzung 4,571) quer vor der Vorderachse, Knüppelschaltung; Einscheiben-Trockenkupplung.

▶ **Karosserie/Fahrwerk:** Kastenrahmen mit Ganzstahlkarosserie verschraubt, Einzelradaufhängung vorn mit Doppelquerlenkern, Schraubenfedern und Teleskop-Stoßdämpfern; hinten Starrachse mit Längsblattfedern, Teleskop-Stoßdämpfer; Zweikreisbremsanlage (vorn Scheiben, hinten Trommeln), 185/70 R 13-Reifen auf 4.5 J x 13-Rädern; Zahnstangen-Lenkung.

▶ **Maße/Gewichte:** Länge / Breite / Höhe 4224 / 1640 / 1495 mm (Langversion: 5080 / 1620 / 1530 mm); Radstand 2450 mm (Langversion: 3050 mm), Spurweite v/h 1382 / 1360 mm; Leergewicht 840 kg; zul. Gesamtgewicht 1390 kg (Langversion: leer 965 kg, gesamt 1450 kg); 42 Liter Kraftstofftank (hinten).

▶ **Fahrleistungen/Verbrauch:** Höchstgeschwindigkeit 140 km/h; 0 - 100 km/h in 22,0 s; Verbrauch 9,0 Liter /100 km.

▶ **Bauzeit/Stückzahl:** 1989 - 1991, 152.773 Wartburg 1.3 (davon 919 Trans 1.3 in AWE-Serienausführung).

Wartburg 1.3 Trans

Auf der 2,45 Meter langen und 1,50 Meter breiten Ladefläche lassen sich 485 Kilo Nutzlast transportieren

fügbaren westlichen Währung die Binnenmarkt-Nachfrage schlagartig nachließ, rangen sich die Eisenacher Ende 1990 zu Preissenkungen von über 30 Prozent durch. Aber die Nachfrage ging immer weiter zurück: 1988 entstanden immerhin 112.300 Viertakt-Wartburg, ein Jahr später waren es noch sehr stolze 70.000 Einheiten und 1990 sank die Zahl auf 63.000. 1991 wurden gerade noch 7.200 Wartburg in gewohnter Form produziert. Am 10. April 1991 endete die Fertigung, nachdem der Markt vollkommen zusammenbrach – die Fertigungs- und Vertriebskosten aber regelrecht explodiert waren. Insgesamt verließen so lediglich 152.773 Wartburg 1.3 die Werkshallen.

Eine vertane Chance – wäre die immer wieder angestrebte Umrüstung auf den Viertakter zehn Jahre eher gekommen, hätten die Eisenacher ganz sicher Erfolg gehabt. So aber endete die Produktion komplett, das Thüringer Werk steht bis heute still.

85

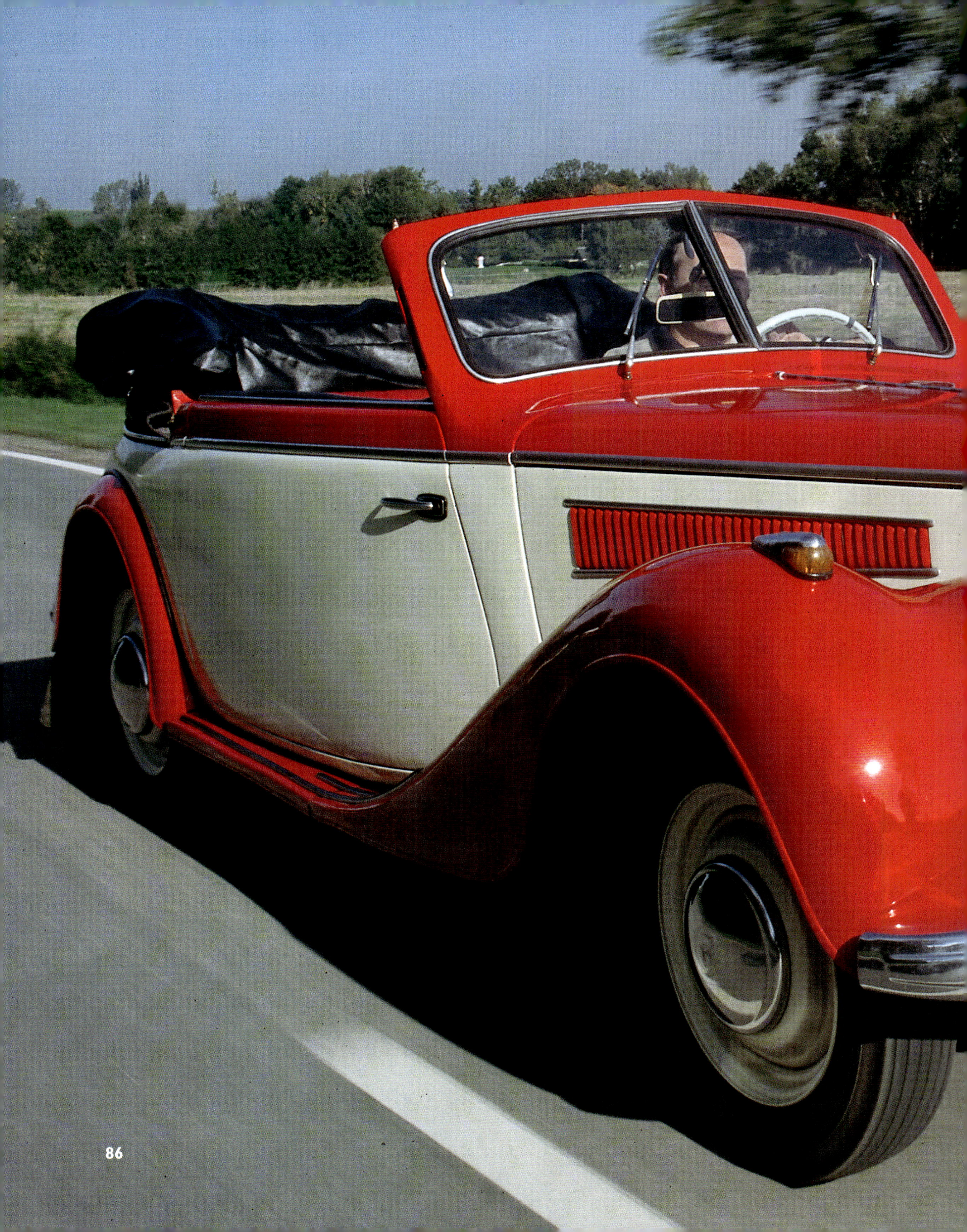

IFA F8 Export-Cabrio

Der geteilte Himmel

Basierend auf einem sehr populären Vorkriegsmodell offerierte das Zwickauer Automobilwerk 1948 seinen zweitaktenden F8. Davon abgeleitet wurde das viersitzige Export-Cabrio mit Stahlblech-Beplankung. Die strömungsgünstige Form erinnerte an den BMW 327. Doch ungeachtet der schnellen Optik saß nur ein 20-PS-Motörchen unter der Haube.

Übersichtliches Cockpit mit nur zwei Rundinstrumenten (Tacho und Zeituhr) plus Kühlwasseranzeige

Als einziger Vertreter der F8-Reihe hat das Export-Cabrio integrierte Scheinwerfer und einen neugestalteten Grill mit horizontalen Zierstäben. Die Verkleidung der „Selbstmördertüren" und die Sitzbezüge bestehen aus Kunstleder. Mit diesem Auto ist das sächsische Ehepaar schon seit Jahren bei Oldtimerveranstaltungen dabei

Die große Stunde der Zwickauer schlug zur Leipziger Frühjahrsmesse 1947, als der „neue" IFA DKW F8 (später nur noch IFA F8 genannt) dem Publikum vorgestellt wurde. Bei diesem von der Industrieverwaltung Fahrzeugbau (IFA) gezeigten Auto handelte es sich natürlich um die tausendfach bewährte Vorkriegs-Konstruktion von DKW, die nun mit wenigen konstruktiven Änderungen wieder hergestellt werden sollte. Wobei zu bemerken ist, dass die Sachsen noch härter durch den Krieg getroffen wurden als die Eisenacher Automobilwerker: Sowohl Horch- als auch Audi-Werk lagen in Trümmern, was nicht niet- und nagelfest war, wurde in die Sowjetunion abtransportiert. Die besten Fachleute flüchteten in den Westen, die Dagebliebenen waren hin und her gerissen waren zwischen Pflichterfüllung und unerfüllten Sehnsüchten. Die Schriftsteller Christa und Gerhard Wolf thematisierten das in einem gut gemachten DEFA-Film von 1964. Auch wenn es dabei in erster Linie um eine

IFA F8 Export-Cabrio

Der geteilte Himmel

89

Nur beim Export-Cabrio gibt's die so gestalteten seitlichen Entlüftungsschlitze in der Motorhaube

Liebe im geteilten Berlin ging – irgendwie passt dies auch zum F8-Cabrio, das zeitlebens unter dieser Ambivalenz litt.

An der Wiege dieses Zweitakters stand der allgegenwärtige Mangel der Nachkriegszeit. Sein Kunstleder bezogener Aufbau wölbte sich über einem Buchenholz-Gerüst – verschraubt mit einem soliden Kastenprofil-Rahmen und ergänzt um freistehende Blech-Kotflügeln. Dieser vielleicht antiquierte, aber gefällige Wagen war relativ schwer und musste in arbeitsintensiver Handarbeit zusammengesetzt werden. Für Vortrieb sorgte ein Vorkriegs-Zweizylinder, wie bei DKW üblich quer hinter der Vorderachse installiert. Im Gegensatz zur alten F8 Reichsklasse mit 600 cm³ hatte das Auto nun aber den wassergekühlten, stärkeren 700er-Zweizylindermotor der Meisterklasse mit altertümlichem Graugusskopf und seitlich angeordneten Kerzen. Vor dem 20-PS-Triebwerk und damit vor der Vorderachse saß ein unsynchronisiertes Dreiganggetriebe mit Freilauf. Die Kraftübertragung zur Achse erfolgte nach dem Beispiel der DKW-Motorräder über eine Doppelrollenkette. Es blieb auch bei der Dynastartanlage der Vorkriegszeit, die gleichzeitig als Starter und Lichtmaschine dient.

Nach einigen Vorserienexemplaren ab 1947 lief im Mai 1949 die Fertigung der grundsätzlich zweitürigen Limousine in der „Meisterklasse-Version" im vormaligen Audi-Werk an – erkennbar an den veränderten

IFA F8 Export-Cabrio

Blick in den Maschinenraum – Kühler ganz vorn, dahinter quer installierter Zweizylinder, Tank vor der Spritzwand

Stoßfängern und dem IFA-Logo. Die Motoren kamen aus Chemnitz, weil das frühere Motorenwerk in Zschopau zerstört war. Die Aufbauten steuerte der VEB Karosserie-Werke Dresden zu (22 Stück täglich) – vor dem Krieg sind die Karossen in Spandau hergestellt worden. Immer wieder wurde nun versucht, Kunststoff in die Karosseriefertigung einzubeziehen, was aber nie so recht gelang. Ab 1953 wurden mehrere Tausend einfach gerippter Motorhauben aus Kunststoff gefertigt. Preis der bis 1955 über 26.000 mal gebauten Limousine: 8.415 Mark.

Das Audi-Werk in Zwickau dagegen komplettierte zwei in Dresden karossierte Cabrio-Versionen, die aber keineswegs für die darbende einheimische Bevölkerung gedacht waren: Damit sollten westliche Devisen erwirtschaftet werden, was anfangs auch ganz gut gelang, denn in West-Deutschland lief die Produktion preiswerter Einsteigermobile erst sehr spät an. Die Auto Union saß zwar inzwischen in Ingolstadt und unterhielt eine Fertigungsstätte in Düsseldorf, setzte aber zunächst auf den zweitaktendem Zweizylinder des F8 in einer moderneren Karosserie im Stil des F9 (darum Modellbezeichnung F89). In Zwickau und später in Eisenach war mit dem F9 bereits ein moderneres Auto verfügbar; es hatte hier einen stärkeren Dreizylinder.

Die Besonderheit des ersten 1948 gezeigten Cabrios bestand in seiner Karosseriebeplankung aus rarem

Tiefziehblech. Tragendes Gerüst und Boden des Fahrzeuges waren weiterhin aus Holz. Natürlich hatte es auch diese Aufbauform unter Verwendung von Blech schon vor dem Krieg gegeben – damals als DKW Front Luxus bezeichnet. Das Cabrio kam seinerzeit entweder von Karosserie Baur in Stuttgart oder von den Horch-Werken Zwickau: F5-, F7- und F8-Cabrios mit zwei und vier Sitzplätzen wurden insgesamt 30.000 mal gebaut. Der neue Offene (dessen Verdeck-Sturmstangen schon bald wegrationalisiert wurden) hieß „Luxus-Cabriolet". Er orientierte sich in der Optik sehr stark an der Limousine. In nur sehr geringer Stückzahl in Dresden karossiert, kostete das noble Cabriolet Anfang der 50er-Jahre 11.325 Mark.

Ebenfalls 1948 wurde noch eine von der Limousine abgeleitete F8 Cabrio-Limousine mit feststehenden seitlichen Stegen präsentiert, die allerdings wieder mit dem gewohnten, kunstlederbespannten Holzaufbau

IFA F8 Export-Cabrio
Der geteilte Himmel

Unterm dickgepolsterten Verdeck des Cabrios haben bis zu vier Personen Platz

angeboten wurde. Sie kostete darum „nur" 8.695 Mark und wurde lediglich in geringster Stückzahl gebaut. 1951 war so eine Cabrio-Limousine mit komplettem Kunststoffaufbau aus Hart-PVC zu Versuchszwecken fertiggestellt worden, erwies sich aber letztlich als nicht serientauglich.

Darüber hinaus gab es ab 1953 das strömungsgünstiger gezeichnete „Export-Cabrio", das gleichermaßen in Dresden gebaut wurde und hier im Bild zu sehen ist. In einigen Prospekten ist der Wagen verwirrenderweise gleichfalls als „Luxus-Cabriolet" oder als „Cabrio in Sonderausführung" bezeichnet worden, obwohl das ursprüngliche Cabrio in Produktion geblieben und nicht abgelöst wurde. Die Form dieses neuen Autos wurde von Aufbauten der Firma Ihle beeinflusst, die vor dem Krieg Fahrzeuge nach Muster des

Die Scheibenwischer waren bereits unten befestigt, die Winker saßen stets in der A-Säule

BMW 327 karossiert hatte. Dabei entstanden auch wunderschöne Kreationen auf DKW-Basis.

Deutlich moderner als die bekannte Offen-Version geschnitten, verfügte das Export-Cabrio über einen vollkommen neuen Grill mit horizontalen Zierstäben aus Aluminium, integrierte Scheinwerfer, seitlich anders angeordnete Entlüftungsschlitze und weitgeschwungene vordere Kotflügel. Die Frontscheibe war aus Stabilitätsgründen wie beim Luxus-Cabrio zweigeteilt. Die Scheibenwischer saßen erstmals unten – später wurde diese Position auch fürs Luxus-Cabrio übernommen. Teilweise waren diese Cabrios auch mit seitlichen Abdeckungen der Hinterräder zu haben. Das Ersatzrad befand sich stets unter einer Blende.

Die Instrumententafel des Export-Cabrios bestand wie bei allen F8 grundsätzlich aus Bakelit-Kunststoff. Die beiden Cabrios nutzten Gleichteile. Wie schon vor dem Krieg üblich, saßen die zwei Rundinstrumente in der Mitte der Tafel, beim hier gezeigten Exemplar wurde ein Wasserthermometer nachgerüstet. Gestühl und Türverkleidungen waren mit Kunstleder bezogen, die Türinnenkante oben aus Holz geschreinert. Das dick gefütterte Verdeck ließ sich nach dem Entriegeln dreier Verschlüsse an der Frontscheibe sehr leicht abbauen und türmt sich dann hoch auf hinter der hinteren Sitzbank.

Daten & Fakten: IFA F8 Export-Cabrio

▶ **Motor:** Zweizylinder-Reihenmotor (Zweitakter) quer hinter der Vorderachse; Hubraum 684 cm³; Bohrung x Hub 76,0 x 76,0 mm; Leistung 20 PS bei 3500/min; max. Drehmoment 49 Nm bei 2500/min; Verdichtung 5,9 : 1; dreifach gelagerte Kurbelwelle; ein Flachstromvergaser BVF 30; Wasserkühlung (Thermosyphon, 8 Liter); Batterie 6V 70 Ah; Gleichstrom-Lichtmaschine 150 W Dynastart.

▶ **Kraftübertragung:** Frontantrieb, unsynchronisiertes Dreiganggetriebe (I. 3,44; II. 1,69; III. 1,0; Antriebsübersetzung 6,1, Freilauf in allen Gängen) quer vor der Vorderachse, Krückstockschaltung am Instrumententräger; Mehrscheiben-Ölbad-Kupplung.

▶ **Karosserie/Fahrwerk:** Kastenrahmen mit Stahlblech-beplanktem Holzgerüst verschraubt (Gummi-Zwischenlager); Einzelradaufhängung mit Querlenker unten und Querfeder oben, hydraulische Kolben-Stoßdämpfer, hinten mit Starrachse, Querfeder oben, hydraulische Kolben-Stoßdämpfer; mechanische Bremsanlage (Trommeln), 5.00-16-Reifen auf 3.25 D x 16-Rädern; Zahnstangen-Lenkung.

▶ **Maße/Gewichte:** Länge / Breite / Höhe 4000 / 1480 / 1480 mm; Radstand 2600 mm, Spurweite v/h 1190 / 1250 mm; Leergewicht 830 kg; zul. Gesamtgewicht 1170 kg; 32 Liter Kraftstofftank (vorn).

▶ **Fahrleistungen/Verbrauch:** Höchstgeschwindigkeit 90 km/h; Verbrauch 8,5 Liter (Öl-Kraftstoff-Mischung 1 : 25) /100 km.

▶ **Bauzeit/Stückzahl:** 1949 - 1955 (Export-Cabrio ab 1953), 26.267 Exemplare (davon rund 400 Export-Cabrios).

IFA F8 Export-Cabrio
Der geteilte Himmel

Das unter einer Persenning verpackte Verdeck türmt sich hoch auf und erlaubt nur wenig Rück-Sicht

Das Export-Cabrio blieb bis 1957 und damit länger als die Limousine im Programm und erfuhr noch ein leichtes Facelift, erkennbar beispielsweise an zwei Mittel-Scharnieren an der Motorhaube (vorher nur ein Scharnier). Mit seinem exorbitanten Preis von 13.420 Mark lag der noble, rund 400 mal gebaute Zweitakter aber nur 4.500 Mark unter dem des viertaktenden EMW 327, den derweil die Eisenacher Automobilbauer anboten. Pikanterweise entstand dessen Karosserie ebenfalls in Dresden. Mehr noch: Für die Kotflügel von 327 und F8 Export-Cabrio wurden vermutlich die gleichen Gesenkpressen verwendet.

Wobei das F8 Export-Cabrio aber hauptsächlich außerhalb der DDR abgesetzt wurde – vor allem in Schweden. Das hier gezeigte Fahrzeug, Baujahr 1955, blieb als eines von etwa 70 in Ostdeutschland, weil die antiquierte Technik mit Seilzugbremse und Winker für einen starken Rückgang der Nachfrage gesorgt hatte. Den Besitzer im sächsischen Stollberg freut's – sein erfrischend offenes Auto hatte schon zu DDR-Zeiten Bestnoten bei zahlreichen Oldtimer-Schönheitswettbewerben eingeheimst.

P 70 Coupé

Nicht schummeln, Liebling

Ein spektakuläres Bild ging vor über vier Jahrzehnten durch die Presse: Es zeigte 16 Erwachsene, die auf dem Dach, der Motorhaube und dem Heck eines Kleinwagens standen und so dessen außergewöhnliche Belastbarkeit demonstrierten. Was man dem P 70 nicht ansah: Besonderheit des nur als Interimsmodell gebauten Autos war seine Kunststoffkarosserie. Nur der Coupé-Aufbau verfügt über einige Blechteile.

Meist war das Coupé zweifarbig lackiert. Hauben, Dach, Türen und Türrahmen bestehen – anders als bei Limousine und Kombi – nicht aus Kunststoff, sondern aus Blech

Ein typisches Stylingmerkmal des seinerzeit sehr teuren Coupés war die Hutze aus poliertem Aluminium. Sie ist zwar funktionslos, sieht aber gut aus

Ein neues Auto hat in aller Regel ein verändertes Outfit und jede Menge Neuerungen unterm Blech. Beim P 70 kann man dies nur mit Einschränkungen sagen. Denn eigentlich handelte es sich ja weiterhin um den guten, alten zweitaktenden F8 mit Holzaufbau, der nun aber mit Kunststoff beplankt worden war. Was vielleicht wie eine Schummelei wirken mag, war letztlich eine geschickte Notlösung. Denn der F8 ließ sich zumindest im Ausland kaum noch verkaufen, seine kunstlederbespannte Karosse erforderte zu viel manuellen Fertigungsaufwand. Stahlblech stand aber weiterhin nicht zur Verfügung. Doch die Arbeiten an einem wirklich neuen, preiswerten Auto waren noch nicht abgeschlossen.

Offiziell sollte alle Kraft in den künftigen P 50 (später als Trabant bezeichnet) gesteckt werden. Die Techniker in Zwickau schufen ohne einen offiziellen Auftrag für die Zwischenzeit einen Zwitter: Sie nutzten die ersten, einfach herzustellenden P 50-Prototyp-Karosserien zusammen mit der modifizierten Technik des F8. Dieser Lückenbüßer, der wiederum im Werk Audi fertiggestellt wurde, kam aber nicht nur als Limousine und Kombi, sondern sogar als schickes Coupé heraus. Selbst eine Cabrioversion war angedacht, und nichts davon war im Sinne der staatlichen Entscheidungsträger. Im DEFA-Musikfilm mit Frank Schöbel und Chris Doerk von 1972 war es genau andersherum: Da wurde

P 70 Coupé

Nicht schummeln, Liebling

Das P 70 Coupé im Kreise seiner Markenkollegen – hinten die Limousine, vorn das IFA F8 Luxus-Cabrio

ein Hallodri und Fußballfan zum braven Bürger umerzogen – „Nicht schummeln, Liebling".

Die Nullserie – noch mit problematischer 6-Volt-Anlage und sehr niedrig verdichtet – lief im April 1955, die Serienfertigung begann am 1. Juli. Erstmals vorgestellt wurde der P 70 „Typ Zwickau" trotz hausinterner Skepsis wegen seines Kunststoff-Konzepts auf der Herbstmesse 1955 in Leipzig. Das Fahrwerk mit der hinteren Schwebeachse und der Einzelradaufhängung vorn entsprach weitgehend dem des F8. Allerdings konnte man den Radstand jetzt um 22 Zentimeter verringern, um das Auto kompakter zu machen.

Dies gelang nur, weil man den Motor nun quer vor die Vorderachse verlegt hatte (was überdies die Straßenlage verbesserte). Dafür musste man die komplette Antriebseinheit einschließlich Getriebe um 180 Grad drehen. Der schlitzgesteuerte Zweitaktmotor basierte auf dem F8-Triebwerk, verfügte jetzt allerdings erstmals über einen Leichtmetall-Kopf mit zentraler Zündkerze (F8: Grauguss mit seitlicher Kerze) und höherer Verdichtung sowie einen neuen Flachstromvergaser. Dank all dieser Maßnahmen war er um 2 PS erstarkt. Getriebe und Schaltung blieben gleich (wobei 1959 die unkomfortable, in Öl laufende Lamellenkupplung einer Zweischeiben-Trockenkupplung wich), neu war die vom F9 stammende Lenkung. Noch ein wichtiger Unterschied zum F8: Statt der 6-Volt-Elektrik gab's nun ein 12-Volt-Bordnetz mit Dynastartanlage, bei der sich die Lichtmaschine zum Anlasser umpolte.

Eine absolute Novität war die Karosseriebeplankung aus Kunststoff, mit der nicht zuletzt – so die staatliche Geschichtsschreibung im Nachhinein – die notwendigen Serienerfahrungen für den künftigen DDR-Volks-Wagen namens P 50 gesammelt werden sollten. Tatsächlich wurde die bereits in der Vorentwicklung befindliche Trabant-Karosserie (damals noch auf Holzskelett) im Türbereich um 10 Zentimeter gestreckt und für das Zwittermodell verwendet. Immerhin war

Lederbezogener Instrumententräger mit rundem Kombiinstrument und Krückstock-Schaltung

damit das Versprechen der Zwickauer Techniker eingelöst, das sie bereits für 1952 gegeben hatten, als der F9 in Kunststoff-Bauweise debütieren sollte.

Die Kombination von Holz und Kunststoff warf aber ungeahnte Probleme auf und ermöglichte dem P 70 kein langes Leben: Die Fertigung des Gerüsts war reine Stellmacherarbeit und dauerte viel zu lange, große Probleme gab es überdies mit der Lackierung der Kunststoffteile und mit der Gleichförmigkeit der Lackoberfläche. Erst 1956 ersetzte Kunstharz den umstrittenen Nitrolack – damit war auch das Thema der braunen Fleckenbildung vom Tisch. Außerdem war das Auto ungewöhnlich schwer, hatte aber keineswegs einen wirklich kraftvollen Motor.

Holzaufbau und Kunststoff-Beplankung der ab Herbst 1955 ausgelieferten Limousine entstanden wie schon beim Vorgänger beim VEB Karosserie-Werke Dresden (Zweigwerk Radeberg), die Endmontage erfolgte dann in Zwickau. 1956 und 1957 erfuhr die Limousine leichte Modifikationen (flachere Türgriffe, neue Flachstromvergaser, langlebigeres Getriebe mit „Kupplungsbremse" zur Schalterleichterung, leiserer Auspuff mit besserer Gebläseheizung, weichere Federung, Drehfenster). Bis zur Produktionseinstellung 1959 wurden deutlich über 30.000 dieser Zweitürer gebaut – Preis: 9.250 Mark.

Dritte Karosserie-Ausführung des P70 – nach dem Kombi von 1955/56 – war schließlich das 2+2sitzige Coupé. „Die ersehnte Ergänzung des Bauprogramms", hieß es im Prospekt von 1958. Erstmals wurde es im Frühjahr 1957 gezeigt. In jenem Jahr war der VEB Kraftfahrzeugwerk Audi zum VEB Kraftfahrzeugwerk Zwickau mutiert; das in Rufweite stehende VEB Kraftfahrzeugwerk Horch (wo ein Lkw und der Luxus-Pkw Sachsenring P 240 entstanden) wurde als VEB Sachsenring Kraftfahrzeug- und Motorenwerk Zwickau umbenannt. Ein Jahr später vereinigten sich dann beide Werke zum VEB Sachsenring Automobilwerke Zwickau.

Daten & Fakten: P70 Coupé

▶ **Motor:** Zweizylinder-Reihenmotor (Zweitakter) quer vor der Vorderachse; Hubraum 684 cm³; Bohrung x Hub 76,0 x 76,0 mm; Leistung 22 PS bei 3500/min; max. Drehmoment 53 Nm bei 2500/min; Verdichtung 6,7 : 1; dreifach gelagerte Kurbelwelle; ein Flachstromvergaser BVF H 32/1; Wasserkühlung (Thermosyphon, 6 Liter); Batterie 6V 70 Ah; Gleichstrom-Lichtmaschine 250 W Dynastart.

▶ **Kraftübertragung:** Frontantrieb, unsynchronisiertes Dreiganggetriebe (I. 3,44; II. 1,69; III. 1,0 / ab 1958: I. 3,34, II. 1,63, III. 1,0; Antriebsübersetzung 5,8 / 1958: 5,6; abschaltbarer Freilauf in allen Gängen) quer hinter der Vorderachse, Krückstockschaltung am Instrumententräger; Mehrscheiben-Ölbad-Kupplung / ab 1959: Zweischeiben-Trockenkupplung.

▶ **Karosserie/Fahrwerk:** Kastenrahmen mit Kunststoff-beplanktem Holzgerüst verschraubt; Einzelradaufhängung mit Querlenker unten und Querfeder oben, hydraulische Kolben-Stoßdämpfer, hinten mit Starrachse, Querfeder oben, hydraulische Kolben-Stoßdämpfer; mechanische Bremsanlage (Trommeln), 5.00-16-Reifen auf 3.25 D x 16-Rädern; Zahnstangen-Lenkung.

▶ **Maße/Gewichte:** Länge / Breite / Höhe 3740 / 1500 / 1400 mm; Radstand 2380 mm, Spurweite v/h 1190 / 1200 mm; Leergewicht 875 kg; zul. Gesamtgewicht 1150 kg; 32 Liter Kraftstofftank (vorn).

▶ **Fahrleistungen/Verbrauch:** Höchstgeschwindigkeit 100 km/h; Verbrauch 7 - 9 Liter (Öl-Kraftstoff-Mischung 1 : 25) /100 km.

▶ **Bauzeit/Stückzahl:** 1955 - 1959 (Coupé ab 1957), 36.796 Exemplare (davon rund 1.500 Coupés).

P 70 Coupé
Nicht schummeln, Liebling

Sehr viel schnittiger und eleganter als Limousine und Kombi, machte das neue Coupé mit den schmalen Fensterstegen und der gläsernen Panoramaheckscheibe (Sekurit wie beim frühen 311 Coupé) eine wirklich gute Figur: Im Westen Deutschlands hätte es der Generaldirektor wohl seinem Töchterchen zu Abitur geschenkt. „Man begegnet ihm sowohl im Straßenverkehr der Weltstädte als auch auf den langen Schnellverkehrsstraßen des In- und Auslands", reimten die Werbedichter, „in seiner Ausstattung gleicht es im Wesentlichen den teureren Wagen der Mittelklasse. Pfeilschnell schießt es dahin, um in erstaunlich kurzer Zeit eine Geschwindigkeit von 100 km/h zu erreichen." Die mechanische Seilzugbremse soll dagegen laut Prospekt eine kaum glaubhafte Verzögerung von 6 m/sec^2 erreicht haben.

Schmalbrüstige Sesselchen („Ledersitze mit Seitenwulsten") ermöglichten eine sportiv tiefe Sitzposition, nur ein einziges Instrument beanspruchte Aufmerksamkeit – der bis zu optimistischen 120 km/h reichende Rundtachometer. Dieses Kombiinstrument hatte nicht nur eine Fernlichtkontrolle, sondern auch ein Kühlwasserthermometer. Limousine und Kombi kam es zeitgleich zugute. Schade nur, dass es bei der Krückstock-Schaltung am Instrumententräger blieb. Außerdem verfügte nur das Coupé über den lederbezogenen Instrumententräger, Limousine und Kombi behielten die nackte Blechtafel. Für alle Modelle neu waren die Frischluft-Gebläse-Krümmerheizung einschließlich Defrosterdüse.

Vordere Kurbel-Scheiben und versenkbare Seitenfenster hinten sowie die serienmäßige Lederausstattung vermittelten im Coupé einen Hauch von Luxus. Im Fond fanden sich zwei Notsitze, das Ersatzrad saß unterm Heck (zugänglich über den im Mittelteil klappbaren Stoßfänger) und wanderte dann aufrecht stehend in den vergrößerten Kofferraum. Die Rückenlehne hinten ließ sich vorklappen; gegen Aufpreis waren die Vordersitze zur „Liegestätte" umrüstbar.

Meist war das Autochen zweifarbig lackiert. Auf der Motorhaube thronte eine funktionslose, aber nett aussehende Hutze aus poliertem Aluminium. Als einziger P 70-Typ bekam das Coupé ab Werk einen Kofferraumdeckel über dem beleuchteten Gepäckraum. Beide Hauben bestanden genau wie Dach, Türen und Türrahmen aus Blech. Auch das tragende Holzgerüst war blechverstärkt – kein Wunder, dass das Coupé 75 Kilo mehr wog als die Limousine. Der Coupé-Aufbau und die Endmontage auf die zugelieferten Fahrgestelle wurden gleichfalls in Dresden vorgenommen. Dort entstanden auch einige wenige Sondermodelle. In der DDR kostete das 2+2sitzige Coupé sehr stolze 11.700 Mark – 2.450 Mark mehr als die Limousine. Bis zur Produktionseinstellung 1959 wurden ganze 1.500 der sportiv dreinschauenden Autos ausgeliefert.

Der Trabant war zu diesem Zeitpunkt bereits seit zwei Jahren in Produktion. Und um ein Haar hätte auch das nicht geklappt, denn sein Serienanlauf stand eine Zeitlang so auf der Kippe, dass ernsthaft überlegt wurde, den P 70 zu modernisieren und mit dem Dreizylinder-Motor des F9 aufzurüsten. Ob der P 50 dann überhaupt noch gebaut worden wäre, ist höchst unsicher.

Anders als die Limousine hatte das Coupé einen Kofferraumdeckel. Das Ersatzrad saß unterm Heck

Trabant P 50/2

Alfons Zitterbacke

Genau wie der sympathische Held in dem bekannten DEFA-Kinderfilm war auch der Ur-Trabant ein netter, kleiner Kerl. Er lief und lief und lief, und seine zweifelsohne vorhandenen Macken waren harmlos und nicht zu ändern. Der zwischen 1958 und 1965 gebaute Ur-Trabi mit der rundlichen Kunststoffkarosserie war schlicht und einfach der Volks-Wagen der DDR.

Politiker und Techniker in der DDR waren stolz darauf, die Massenmotorisierung nicht mit Pseudoautos im Stile von Rollermobilen oder überdachten Mopeds vorangetrieben zu haben, wie dies Anfang der 50er-Jahre in Westdeutschland zu erleben war. Dafür dauerte halt alles ein bisschen länger. Die Fertigung des Volks-Wagens in Ostdeutschland sollte eigentlich 1955 angelaufen sein, verzögerte sich aber um mehrere Jahre. Dafür kam der P 70 – „ein Zwischentyp, der aber in seiner Preisgestaltung nicht den Forderungen der Werktätigen entspricht", wie es in der „Kraftfahrzeug-Technik" im Oktober 1956 hieß.

Der P 50 – so der ursprüngliche Name, der wiederum auf den Hubraum (500 cm^3) abhebt – war eine Neukonstruktion unter Verwendung von weiterentwickelter Vorkriegstechnik. Um Gewicht zu sparen, verfügte er erstmals über eine selbsttragende Karosserie auf einem Plattformrahmen, der mit einem Stahlgerippe verschweißt wurde. 400 Einzelteile bildeten das Gerüst, es wog 127 Kilo. Die Leermasse des P 50 betrug

Spartanisches, aber funktionelles Interieur. Kurbelfenster gab's erst beim Nachfolgemodell 601

Trabant P 50/2

Alfons Zitterbacke

Der Trabant war der Volks-Wagen der DDR. Vier Menschen hatten einigermaßen bequem darin Platz. Eingesetzt wurde das Auto aber meist nur am Wochenende, beispielsweise wenn der Vater nach getaner Arbeit zum Angeln fuhr

Abschließen lässt sich nur die Fahrertür, die Beifahrerpforte kann man von innen verriegeln

nur 620 Kilogramm, wobei 50 Prozent des Wagengewichts bei voller Beladung auf der Vorderachse lasteten (54 Prozent bei Besetzung mit zwei Personen).
Für die nicht sichtbaren Teile wurden Bleche mit minderer Oberflächenqualität aus einheimischer Produktion verwendet. Die Beplankung mit Duroplast-Formteilen nach Beispiel des bisherigen P 70 wurde von diesem Skelett getragen (wobei es auch einen Prototyp mit Blechkarosserie gab) – es ging einzig und allein darum, westliches Karosserieblech einzusparen. Niedlich die kleinen Heckflossen, für die wohl westliche Designtrends ein bisschen Pate standen. Die Formstabilität der Kunststoffpartien wurde jedoch nach den guten Erfahrungen beim P 70 überschätzt – dort waren sie wegen der rundlichen Form stabiler als jetzt beim P 50 (und später beim 601) mit flacherer Formgebung. So hatte der Trabant stets das Problem der Wellenbildung an Türen und hinteren Kotflügeln.
Erstmals vorgestellt wurde er zur Herbstmesse 1958, im November 1957 war die Nullserie angelaufen. Die Serienproduktion der Limousine (Bodengruppe bei Horch, Karosserie im früheren Audi-Werk) begann erst Ende 1958 – acht Wochen nach Zusammenlegung der früheren Audi- und Horch-Werksteile zum „VEB Sachsenring Automobilwerke Zwickau".
Werk I (vormals Horch) übernahm nun die Gerippefertigung und den Getriebebau; Werk II (ex Audi) erledigte Fahrwerksbau, Montage und Auslieferung; in Werk III erfolgten Kunststoffherstellung und Karosseriebau. Werk IV war für die technische Entwicklung verantwortlich. Anfangs wurde die Beplankung mittels Falzen und Schrauben fixiert, später geklebt. Lackiert

Trabant P 50/2

Alfons Zitterbacke

Die Benzinstandskontrolle im Trabant geschah stets zuverlässig mittels des unkaputtbaren Mess-Stabs

wurde mit einer Kunstharzgrundierung und Nitrodecklack.

Im ersten Produktionsjahr entstanden noch 1.760 Exemplare des sehnsüchtig erwarteten Kleinwagens. Denn für ein Auto seiner Klasse bot er vernünftige Platzverhältnisse, war robust und mit 7.450 Ost-DM preiswerter als bisher F8 und P 70. Den endgültigen Namen bekam das Auto erst im Rahmen eines Preisausschreibens – auch dies ein Vorgang, der nicht nur bei der Auto Union Tradition gehabt hat. Weil die Vorstellung des Autos nach dem ersten unbemannten Weltraumflug mit dem sowjetischen „Sputnik" erfolgte, ließ man sich davon zur genialen Bezeichnung „Trabant" inspirieren.

Der neu entwickelte, luftgekühlte Zweitakt-Zweizylinder mit Einlass-Drehschiebersteuerung war eng verwandt mit der DKW-Rennmotorrad-Vorkriegskonstruktion. Anfangs betrug die Maximalleistung des in

24-Liter-Tank, daran befestigt die Zündspule und der Mess-Stab. Rechts die 6-Volt-Batterie

Karl-Marx-Stadt gebauten Motors 17, dann 18 PS. Über ein unsynchronisiertes Vierganggetriebe gelangte die Kraft via Doppelgelenkwellen und Kegelrad-Ausgleichsgetriebe zu den kleinen Vorderrädern: Sie hatten nur noch 13 statt der 16 Zoll beim P 70.

Dem Kleinen aus Zwickau schlug keineswegs nur Häme entgegen, wie es heute mitunter fälschlich dargestellt wird. So schrieb die renommierte „Motorrundschau" aus Frankfurt/M. Ende 1958: „Der Trabant hat trotz kürzeren Radstands eine wesentlich ruhigere Straßenlage als sein Vorgänger P 70. Das System Schwebeachse hinten wurde zugunsten der Einzelradaufhängung mit Querlenkern und niedrig angeordneter, progressiv wirkender Querfeder aufgegeben. Der erzielte Gewinn ist überzeugend. Wenn man im 80er-Schnitt (Höchstgeschwindigkeit 90 km/h) über die Autobahn rollt, hat man nicht unbedingt das Empfinden, einen Halbliterwagen zu fahren. Die Innenmaße sind natürlich spärlich bemessen, aber der Trabant ist ein echter Viersitzer, zwar mit wenig Bein-, dafür aber umso mehr Kopfraum. Die Durchzugskraft des luftgekühlten Twins ist beachtlich, ebenso sein Stehvermögen. Das Drehmoment des unsymmetrisch gesteuerten Zweitakters lernt man schätzen, wenn es mal besonders darauf ankommt. Und die Bauart der Karosserie hat sich bereits beim Vorgänger als überaus widerstandsfähig und sicher erwiesen."

Der Trabant war und blieb freilich ein Zweitürer. Fahrer- und Beifahrersitz ließen sich nur anfangs bei P 50 und P 50/1 einschließlich Sitzgestell komplett nach vorn klappen und ermöglichten so einen akzeptablen Zustieg nach hinten. Der von außen zugängliche Kofferraum war erstaunlich groß und verfügte dank der weit heruntergezogenen Klappe über eine riesige Ladeöffnung. Im Gegensatz zur Motorhaube hatten sie keine Versteifungs-Spinne, sondern einen stabilisierenden Stahlrahmen. In den ersten Jahren musste die Besatzung mit kleinen Schiebescheiben und ausstellbaren Dreieckfenstern auskommen – Kurbelfenster gab's erst beim 601-Nachfolgemodell.

Trabant P 50/2

Alfons Zitterbacke

Der Kofferraum mit dem aufrecht platzierten Ersatzrad fasst unglaublich viel – beispielsweise eine komplette Anglerausrüstung plus vier Sack Zement

Das Formgestalter-Kollektiv hatte vielleicht westliche Trends, aber sicher keine US-Straßenkreuzer im Hinterkopf, als es die winzigen Heckflossen zeichnete

Neben dem Trabant in Standard-Ausführung wurde auch eine Sonderausführung mit Detailänderungen (bessere Sitzpolsterung, Sonnenblenden, Aschenbecher hinten, Motor- und Kofferraumbeleuchtung) für 8.360 Mark angeboten, erkennbar an der kühn geschwungenen, seitlichen Zierleiste. Wahlweise konnte man die aufgewertete Limousine in Zwei-, zwischenzeitlich gar in Dreifarb-Lackierung (8.440 Mark) bekommen. Nur wegen der Behebung der zu erwartenden Lackschäden während des Transports erhielten jetzt und später alle Trabant-Modelle die bekannt einfachen Farbgebungen. Im Herbst 1959 gesellte sich als zweite Karosserievariante der Kombi hinzu. Andere Karosserieversionen, beispielsweise ein Coupé oder eine Limousine mit Panorama-Heckscheibe („Stülpdach") liefen nur im Versuch.

Ab 1959 lieferte der 500-cm³-Motor dank neuen Vergasers, Aluminiumblocks mit Stahl-Laufbuchsen, höherer Verdichtung (7,2 statt 6,6 : 1) und verstärkter Pleuellager sowie weiterer Veränderungen in Kopf und Ansaugtrakt stolze 20 PS – anfangs bei 3750/min, dann bei 3900/min (im überarbeiteten P 50/1 und ab März 1962 im P 50/2). Das maximale Drehmoment erstarkte von 41 auf 44 Nm bei 2750/min. Kurz darauf kam es zur Einführung einer stärkeren Lichtmaschine mit 220 Watt. Die ab 1963 seitlich platzierte Zündspule behielt damals noch ihren Platz am Tank, der legendäre Mess-Stab ließ sich dort unterbringen.

Aber erst der hier gezeigte P 50/2 in der nur 14.265 mal gebauten Standard-Ausführung bekam das vollsynchronisierte Getriebe von der eben fertiggestellten neuen Getriebe-Fertigungsstraße. Hier hatte nur noch der vierte Gang einen Freilauf (vorher: Freilauf in allen Gängen). Viele Trabant-Besitzer rüsteten ihre Oldies später auf die hubraumgrößeren und kräftigeren Motoren des Nachfolgers um – was der Besitzer der damastgrünen Standard-Limousine nicht getan hat. Schließlich ist sein P 50/2 – zugelassen am 14. April 1962 – ein Vorserienexemplar des im Mai 1962 aufgelegten Baumusters P 50/2.

Ab Oktober 1962 löste der gründlicher veränderte P 60 – auch als Trabant 600 bezeichnet – den bisherigen 500er ab. Wichtigste Neuerung war der auf 600 cm³ vergrößerte Motor, der nun 23 PS leistete und etwas mehr Durchzug bot. Damit waren 106 km/h Spitze möglich, wie die Ost-Berliner Fachzeitschrift „Der deutsche Straßenverkehr" ermittelte. Dieser weiterhin luftgekühlte Motor (Graugussblock) sollte auch dem neuen Trabant 601 von 1964 / 65 erhalten bleiben. Bis zum Debüt des Neuen mit der kantigeren Karosserie – der dann bis 1990 im Programm blieb – wurden 237.000 Exemplare von P 50 / P 60 gebaut. Die ursprünglich avisierten 300.000 Einheiten waren damit nicht ganz erreicht worden.

Nur wenige Jahre trug der Trabant das skulpturartige Sachsenring-Logo auf der Haube

Trabant P 50/2

Die dezente Farbgebung des „Kugelporsches" hatte nichts mit der Beschaffenheit der Kunststoffoberflächen zu tun, sondern war eine vorbeugende Maßnahme angesichts zahlreicher Lackschäden während des Transports der Neuwagen – die Nachlackierung konnte überall problemlos vorgenommen werden

Glücklich, wer einen Werkstatt-Termin erhielt. Andererseits war fast alles in Eigenregie machbar

Schaut man in die 1997 liebevoll restaurierte Limousine hinein, überrascht die Kombination aus funktionaler Sachlichkeit und Ästhetik. Da sitzt nicht nur ein Soloinstrument in karger Blech-Landschaft, sondern es ist mittig eingebettet in einen farblich zur Außenfarbe kontrastierenden Instrumententräger mit Blendschutz. Links befindet sich die Druckschalter-Galerie, rechts ein unverschlossenes Handschuhfach. Zu der ab 1961 verbesserten Innenausstattung gehören auch die strafferen Sitze, die verbesserte Heizung und das größere Wischerfeld. Das Zweispeichen-Lenkrad ist oval geformt (oben und unten im Durchmesser eingezogen). In der Türverkleidung aus Kunstleder findet sich je ein Ablagefach.

Die sehr ordentliche Kofferraumgröße wird nur durch das stehende Ersatzrad eingeschränkt. Variabilität war großgeschrieben: Die Rücksitzlehne lässt sich nach Lösen zweier Schrauben recht einfach umlegen. Zumindest bei den ersten P 50 war es möglich, die vorderen Sitze herauszunehmen und um 180 Grad gedreht wieder einzubauen – so stand eine große Liegefläche zur Verfügung.

Äußerlich bestand indes kein Unterschied zwischen den verschiedenen P 50-Leistungsstufen – stets fand sich nur der aus Aluminium gefertigte Schriftzug „Tra-

Daten & Fakten: P 50 Trabant Limousine

▶ **Motor:** Zweizylinder-Reihenmotor (Zweitakter) quer vor der Vorderachse; Hubraum 499 cm³; Bohrung x Hub 66,0 x 73,0 mm; Leistung 20 PS bei 3900/min; max. Drehmoment 44 Nm bei 2750/min; Verdichtung 7,2 : 1; dreifach gelagerte Kurbelwelle; ein Flachstromvergaser BVF 28 HB 2-1; Batterie 6V 56 Ah; Lichtmaschine 220 W.

▶ **Kraftübertragung:** Frontantrieb, vollsynchronisiertes Vierganggetriebe (I. 4,08, II. 2,32, III. 1,52, IV 1,03; Antriebsübersetzung 4,33, abschaltbarer Freilauf im vierten Gang) quer vor der Vorderachse, Krückstockschaltung unter dem Lenkrad; Einscheiben-Trockenkupplung.

▶ **Karosserie/Fahrwerk:** Plattformrahmen mit Stahlblechskelett verschweißt, Kunststoffbeplankung; Einzelradaufhängung mit Querlenker unten, Querblattfeder oben, Teleskop-Stoßdämpfer; hinten Starr-Pendelachse mit Dreieckquerlenkern, Querblattfeder unten; Teleskop-Stoßdämpfer; Einkreis-Bremsanlage (Trommeln), 5.20-13-Reifen auf 4.0 J x 13-Rädern; Zahnstangen-Lenkung.

▶ **Maße/Gewichte:** Länge / Breite / Höhe 3361 / 1493 / 1460 mm; Radstand 2020 mm, Spurweite v/h 1200 / 1240 mm; Leergewicht 620 kg; zul. Gesamtgewicht 950 kg; 24 Liter Kraftstofftank (vorn).

▶ **Fahrleistungen/Verbrauch:** Höchstgeschwindigkeit 95 km/h; Verbrauch 8,0 Liter (Öl-Kraftstoff-Mischung 1 : 33) /100 km.

▶ **Bauzeit/Stückzahl:** 1957 - 1963 (1962 - 1963: P 50/2), 119.807 Limousinen P 50 - P50/2 (davon 21.816 Limousinen P 50/2).

Trabant P 50/2

Alfons Zitterbacke

Die starre hintere Pendelachse ist nicht unbedingt für die ganz schnelle Kurvenhatz geeignet

bant" – ohne einen zusätzlichen Verweis auf den 500-cm³-Motor. Erst der P 60 erhielt einen entsprechenden Hinweis („600"). Anders die Zusatzbezeichnung „de Luxe", mit denen alle Sonderausführungen bis zum 601, also auch beim P 50, gekennzeichnet wurden. Die Alu-Zierleisten waren übrigens für die Standard-Modelle nur auf Sonderwunsch zu bekommen. Heute, mit etwas Abstand zu den Zeiten automobiler Monokultur, verzeiht man dem unverwechselbaren Wägelchen fast alles. Wie jenem Knaben namens Alfons Zitterbacke – Held populärer, humorvoller Kinderbücher von Gerhard Holtz-Baumert und Hauptfigur eines heiteren DEFA-Streifens von 1966 –, dem man einfach nicht böse sein konnte. Drum erträgt es der engagierte Besitzer des Trabant P 50/2 sogar, wenn manch ahnungsloser Spötter vom „Kugelporsche" spricht – eine Fahrt mit dem wieselflinken Zweitakter würde ihn sicher verblüffen.

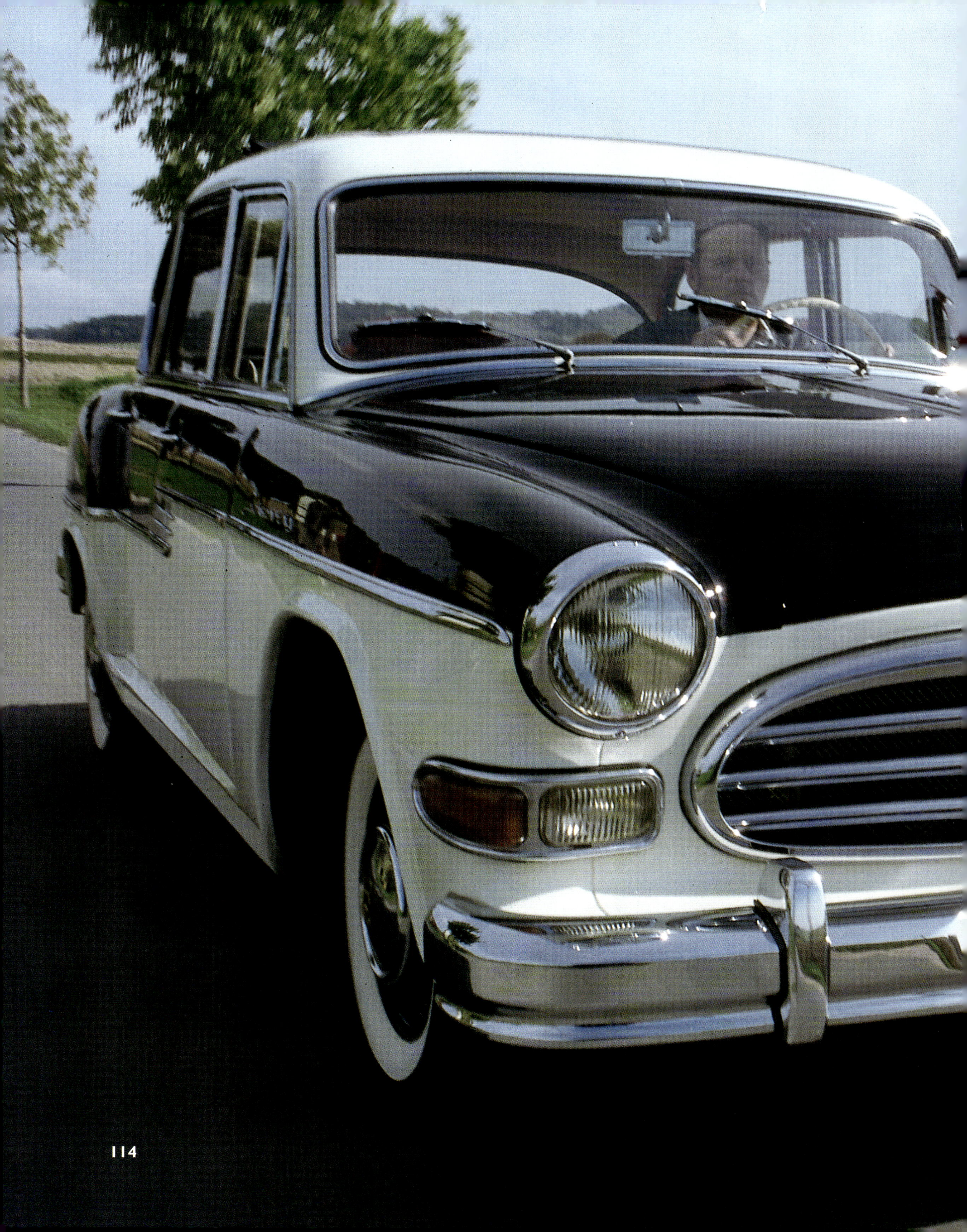

Sachsenring P 240

Der Hut des Brigadiers

Die DDR gehörte zu den selbstbewussteren Ostblock-Staaten, die in den 50er-Jahren den sowjetischen Luxuslinern eine eigene Fertigung großer Limousinen entgegenstellten. Der 1955 bis 1959 gebaute Sachsenring aus Zwickau führte die Tradition der thüringischen Sechszylinder-BMW fort. Ursprünglich als Staatslimousine gedacht, wurde er später zum begehrten Dienstfahrzeug von Führungskräften in volkseigenen Betrieben und Landwirtschaftlichen Produktions-Genossenschaften (LPG).

Nach dem Auslauf des EMW 340/2 fehlte in der Deutschen Demokratischen Republik ein Fahrzeug für Spitzenfunktionäre. Natürlich gab es den Pobjeda GAZ 20 und den großen ZIM GAZ 12 aus der Sowjetunion sowie später auch den Tatra 603 aus der Tschechoslowakei. Aber noch glaubte man, die Leistungsfähigkeit der eigenen Wirtschaft beweisen zu müssen – nicht zuletzt den Bürgern des eigenen Landes, die das westdeutsche Wirtschaftswunder vor der noch offenen Haustür miterlebten.

Der staatliche Auftrag für ein solches fünf- bis sechssitziges Fahrzeug ging jedoch nicht nach Eisenach, sondern nach Zwickau. Dort war zuvor noch versucht worden, den Kleinserienanlauf eines Horch-Modells zu bewerkstelligen. Kein Geringerer als SED-Parteichef Walter Ulbricht hatte nun die Wettbewerber vorgege-

Sachsenring P 240

Der Hut des Brigadiers

Dieser P 240 von 1957 hat waagerechte Grillzierstäbe, herumgezogene Blinker, die streifenartig abgesetzte seitliche Zierleiste und trägt das Horch-Signet auf der Motorhaube. Das Schiebedach war eine Extraanfertigung

Die Kenzeichnung mit dem Namen „Sachsenring" bekam übrigens auch der zeitgleich produzierte Lkw S-4000

ben – den BMW 502, den Opel Kapitän und den Mercedes 220. Im Januar 1954 fiel der Ministerratsbeschluss für das „Automobil in bester Horch-Tradition", wie es damals wörtlich hieß.

Immerhin musste bei dieser Konstruktion nicht am Punkt null begonnen werden. So war bereits der Sechszylinder-Reihenmotor OM-6 vorhanden, an dem seit 1951 in Chemnitz/Karl-Max-Stadt gearbeitet wurde: Der 2,4 Liter große ohv-Motor mit Kurbelgehäuse und Kopf aus Grauguss (nur Ölwanne und Stirndeckel aus Aluminium) sowie herausnehmbaren Büchsen war keineswegs vom EMW-Triebwerk abgeleitet worden. Diese Eigenentwicklung leistete 64 PS bei 3500/min und kam im Armee-Kübelwagen P2 zum

Sachsenring P 240

Der Hut des Brigadiers

Einsatz. Für den zunächst Typ 200 genannten Luxusliner mit selbstragender Karosserie waren dann 72 PS vorgegeben, er sollte eine Geschwindigkeit von 125 km/h erreichen. In der Serie waren es schließlich 80 PS und 140 km/h. Bei dieser Motorauslegung blieb es, wenngleich an einer Version mit Alu-Zylinderkopf und Doppelvergaser gearbeitet wurde.

Allerdings wurde entschieden, die wichtigsten Baugruppen des Fahrwerks vom EMW 340/2 zu übernehmen: Hinterachse einschließlich Hypoidantrieb, Drehstabfederung, Achsaufhängung vorn und hinten,

Wenn der LPG-Vorsitzende nach seinen Brigademitgliedern schaute, nutzte er gern den imposanten Dienstwagen. Im Hintergrund ein „Fortschritt"-Mähdrescher

Bremsen und Schaltgestänge. Doppelt wirkende und damit komfortablere Stoßdämpfer erhielt der Wagen erst am Ende seiner Bauzeit. Die selbstragende Bauweise wurde jedoch wider besseren Wissens verworfen: Der neue Wagen sollte eine Rahmenbauweise aufweisen, um so eine relativ große Bodenfreiheit und damit die Gleichteilnutzung für die Militär-Kübelwagen zu ermöglichen. Überdies erhoffte man sich dank der so gegebenen Schlechtwege-Eignung gute Exportchancen nach Osteuropa.

Bis zum 1. Juli 1954 sollten die ersten zwei Versuchsfahrzeuge fertig sein. Das oberste Parteigremium – das Zentralkomitee der SED – zog diesen Termin jedoch um zwei Tage vor, weil es eine Geburtstagsüberraschung für Ulbricht plante. Mit viel Mühe schafften es die Techniker und unterzogen das erste Auto im Mai 1954 den üblichen Einfahrversuchen. Am 23. Juni wollte dann ein DEFA-Filmteam einige Aufnahmen vor Burg Schönfels machen – allerdings verunglückte der Wagen noch während der Anfahrt in Zwickau. In Tag- und Nacht-Arbeit wurde bis zum 26. Juni das zweite Auto (TX 00-51) fertiggestellt und dem spitzbärtigen Spitzenfunktionär pünktlich übergeben.

Die Genossen waren sehr angetan vom P 240, auch wenn Ministerpräsident Otto Grotewohl am Wagen ein Waschbecken vermisste – wie es der Nachkriegs-Prototyp Horch 930 S hatte. Und die Funktionäre si-

Auch das Tischchen an der Rückseite der durchgehenden vorderen Bank war eine Spezial-Anfertigung. Der P 240 wurde größtenteils in Handarbeit gefertigt, so dass Sonderwünsche jederzeit erfüllbar waren

Der 2,4-Liter-Sechszylinder war keineswegs vom EMW-Motor abgeleitet worden, sondern eine Eigenentwicklung. Er leistete damals durchaus wettbewerbsfähige 80 PS

Sachsenring P 240

Der Hut des Brigadiers

Der in Wagenfarbe lackierte, mit viel Chrom aufgewertete Instrumententräger ist oben und unten Richtung Innenraum vorgezogen, aber nicht abgepolstert. Das Lenkrad trägt in der Nabe das Stadtwappen von Zwickau. Die Handbremsbetätigung sitzt mittig unter der Instrumententafel

Landleben mit respekteinflößendem Führungsfahrzeug. Hinten an den Stallungen steht ein leichter Robur-Lkw aus Zittauer Produktion

1955 eine erste Serie von 500 Autos entstehen, 1956 waren 6.000 Einheiten geplant, und für 1957 glaubte man gar an einen Ausstoß von 9.000 Sechszylinder-Limousinen: Wunschdenken war auch drei Jahrzehnte später noch ein fester Bestandteil des DDR-Alltags, wie der 1985 gezeigte DEFA-Streifen „Der Hut des Brigadiers" mit Roman Kaminski beweist. Er, in seiner Rolle als klassenbewusster Bauarbeiter, rebellierte gegen offensichtliche Missstände – auch die Sachsenring-Techniker waren seinerzeit vergeblich für realistische Fertigungsvorgaben eingetreten. Aber sie mussten die Suppe auslöffeln, die ihnen realitätsfremde Politbürokraten eingebrockt hatten.

Tatsächlich gefertigt wurden aber zur Verärgerung der Parteibonzen zwischen 1955 und 1959 nur ganze 1.382 Stück. Insider sprechen jedoch von insgesamt 1.800 Exemplaren, von denen einige bis 1960 aus Restteilen entstanden sein sollen. Die höchste Jahresproduktion wurde 1958 mit 519 Einheiten erreicht. Das hier abgebildete Dienstfahrzeug stammt aus dem Jahr 1957 – damals wurden 507 Fahrzeuge fertiggestellt. Sein heutiger Besitzer entdeckte es 1989 in sehr desolatem Zustand. Es sollte eigentlich als Ersatzteilträger für ein bereits weitgehend restauriertes Exemplar dienen. Aber zum einen reizte es ihn, über ein Promille der Gesamtproduktion sein eigen zu nennen – zum anderen entspricht wegen der weitgehend manuellen Fertigung ohnehin nicht ein P 240 dem anderen.

Erstmals öffentlich gezeigt wurde der Wagen mit der wuchtigen Ponton-Karosserie, Panorama-Heckscheibe, reichlich Chromzierrat und Horch-Logo auf der Leipziger Frühjahrsmesse 1956, nachdem im Vorjahr 20 Exemplare gefertigt worden waren. Dies geschah ausschließlich in Handarbeit im Werk Horch, wo bislang nur der Lastwagen Horch H3A gefertigt wurde. Pro Fahrzeug fielen unglaubliche 2.500 Arbeitsstunden an – beim P 50 Trabant dauerte es lediglich 180 Stunden. Üppig wie alles andere war auch der Preis des Wagens: 27.500 Mark. Die tatsächlichen Kosten lagen sogar bei 33.000 Mark.

Erst nach dem 1. Mai 1958 mit dem Zusammenschluss und der Umbenennung der beiden Zwickauer

cherten sich gleich mal die ersten Versuchsträger, obwohl diese noch nicht ausgereift waren. Als dann erwartungsgemäß die ersten Macken auftraten, wurden allein die Zwickauer Automobilbauer dafür verantwortlich gemacht.

Mehr noch: Die politischen Verantwortungsträger legten vollkommen illusionäre Stückzahlen fest. So sollte

Sachsenring P 240
Der Hut des Brigadiers

Die stilistisch nicht ganz glücklichen Heckflossen kamen erst während des Produktionsauslaufs zum Einsatz

Betriebe zum „VEB Sachsenring, Automobilwerke Zwickau" hieß der P 240 nur noch „Sachsenring" und erhielt das S- statt des gekrönten H-Logos. Das S-Zeichen bekam parallel dazu auch der Kleinwagen Trabant. Anfangs hatte der Wagen senkrecht-haifischartige Zierstäbe im Kühlergrill und punktförmige Blinker, das H-Logo (ab Anfang 1957 mit „VEB"-Schriftzug oben im H) fand sich auf der Motorhaube, dem aus Aluminium gefertigten Kofferraumdeckel und auf den Radkappen. Motor- und Kofferraum (mit stehendem Eratzrad) waren natürlich beleuchtet. Über die Motorhaube lief ein Chromstreifen mit abschließendem Flügelsymbol. Es wurden aber auch Fahrzeuge mit waagerechten Zierstäben ausgeliefert. Die seitlichen Zierleisten waren nicht durchgehend, sondern im Bereich der vorderen Tür streifenartig abgesetzt.

1957 bekam der Wagen im Zuge eines kleinen Facelifts grundsätzlich horizontale Grill-Lamellen und herumgezogene Blinkleuchten. Die seitlichen Zierleisten waren 1958/59 durchgehend und zunächst waagerecht, dann geschwungen. Die Chromleiste auf der Motorhaube fielen mit der Einführung des S-Logos weg. Und die Heckflossen wurden wie bei dem hier abgebildeten Auto ein Stück nach hinten verlängert.

Der Radzierdeckel trägt das gekrönte Horch-Zeichen mit dem VEB-Zusatz

Wobei es Exemplare gibt, bei denen die Zwickauer offensichtlich in eine Kiste früher Anbauteile gegriffen hatten und so zeitlich nicht eindeutig identifizierbare Ausführungen schufen.

Das Fahrzeug verfügt über eine luxuriöse Kunstlederausstattung mit zwei durchgehenden Sitzbänken. Zugelassen war es für sechs Personen. Die durchgehende vordere Sitzbank lässt sich nach vorn ziehen und dann die Lehne komplett kippen – so schafft man sich eine Schlafgelegenheit. Fahrer- und Beifahrerseite haben eine getrennte Heizluftzufuhr. Für die Hinterbänkler gibt es eine herausklappbare Armlehne in der Mitte. Das hier gezeigte Schreibbord ist genauso wie das große Faltdach (abgeleitet vom Textildach des frühen Wartburg 311) eine Extra-Anfertigung; den Suchscheinwerfer konnte man optional bestellen.

Der meist in Wagenfarbe lackierte Instrumententräger (sonst in Schrumpflack) ist oben und unten vorgezogen, aber nicht abgepolstert. Er wird dominiert von der Kombi-Einheit aus Rundtacho und rechteckigen Anzeigeinstrumenten (Kilometerzähler, Öldruckmanometer, Amperemeter, Kühlwasserthermometer) à la Mercedes. Die Schalterbatterie für Haupt- und Nebelscheinwerfer, Instrumentenbeleuchtung und Heizgebläse verfügt über Drucktasten. Die Helligkeit der In-

Daten & Fakten: Sachsenring P 240

▶ **Motor:** Sechszylinder-Reihenmotor OM 6-42.5 über der Vorderachse; über seitliche Nockenwelle (Stirnräder) angetriebene hängende Ventile; Hubraum 2407 cm³; Bohrung x Hub 78,0 x 84,0 mm; Leistung 80 PS bei 4250/min; max. Drehmoment 167 Nm bei 1400/min; Verdichtung 7,1 : 1; siebenfach gelagerte Kurbelwelle; ein Fallstromvergaser BVF F 362-1 oder F 363; Druckumlaufschmierung (5,5 Liter Öl); Wasserkühlung (Pumpenumlauf, 13 Liter), Batterie 6V 84 Ah, Gleichstrom-Lichtmaschine 200 W.

▶ **Kraftübertragung:** Heckantrieb, teilsynchronisiertes Vierganggetriebe (I. 3,154; II. 2,010; III. 1,304; IV. 0,862; Antriebsübersetzung 4,556) hinter der Vorderachse, Lenkradschaltung; Einscheiben-Trockenkupplung.

▶ **Karosserie/Fahrwerk:** Kastenrahmen mit Ganzstahlkarosserie verschraubt; Einzelradaufhängung vorn mit Doppelquerlenkern, Längsfederstäbe und Öldruck-Stoßdämpfern, hinten Starrachse mit Dreieck-Schublenkern, Längsfederstäben und Öldruck-Stoßdämpfern; Einkreisbremsanlage, ab 1958: Zweikreis (Trommeln), 7.10-15-Reifen auf 5.0 K x 15-Rädern; Schnecken-Lenkung.

▶ **Maße/Gewichte:** Länge / Breite / Höhe 4735 / 1780 / 1680 mm; Radstand 2800 mm, Spurweite v/h 1350 / 1400 mm; Leergewicht 1480 kg; zul. Gesamtgewicht 1960 kg (ab 1958: 1525 kg leer / 1960 kg gesamt); 60 Liter Kraftstofftank (im Heck).

▶ **Fahrleistungen/Verbrauch:** Höchstgeschwindigkeit 140 km/h; Verbrauch 11 - 15 Liter / 100 km.

▶ **Bauzeit/Stückzahl:** 1955 - 1959, 1.382 Exemplare.

Sachsenring P 240

Der Hut des Brigadiers

Die luxuriöse Kunstlederausstattung gehörte zum Serienumfang des noblen Sechssitzers

strumentenbeleuchtung lässt sich regulieren, der blendfreie Innenrückspiegel erhielt eine Leseleuchte. Rechts sitzt ein nicht abschließbares Handschuhfach, das Tastenradio „Schönburg" gehörte zur Serienausstattung. Das große, weiße Zweispeichen-Lenkrad mit unterem Hupenring trägt in der Nabe das Stadtwappen von Zwickau.

Der Gangwechsel erfolgt à la EMW 340/2 über den Schalthebel am Lenkrad, die Handbremse wird über einen Krückstockschalter in Instrumententräger-Mitte betätigt. Wie damals üblich, musste alle 100 Kilometer per Fußhebel die Zentralschmierung des Fahrwerks aktiviert werden (darum wurden viele Fahrzeuge später von ihren Besitzern umgebaut, um sie ganz konventionell abschmieren zu können). Wer dieses Auto heute fährt, sollte vorsichtig zu Werke gehen – denn es neigt zum Übersteuern und sollte gerade bei Nässe sehr vorsichtig bewegt werden. Auf schlechter Straße springen die Räder, die Stoßdämpfer scheinen zu klein dimensioniert zu sein, die Radaufhängungen poltern vernehmlich. Die Federung erweist sich dagegen als recht hart, Karosseriebewegungen selbst in schnellen Kurven halten sich in Grenzen.

Der Sachsenring P 240 wurde noch jahrelang als Direktions-, Leitungs- oder auch Polizeifahrzeug eingesetzt. Zu Wohlstand gelangte Privatiers wie die Sängerin Bärbel Wachholz oder der Testpilot des ersten und einzigen DDR-Verkehrsflugzeugs entdeckten ihre Liebe für das in Ungnade gefallene Fahrzeug, das übrigens offiziell nie nach Westeuropa exportiert wurde. Vielleicht wäre sonst der zu Unrecht fast vergessene Name Horch bewahrt worden.

Premium à la DDR – warum eigentlich nicht?

Sachsenring Repräsentant (Unikat)

Der Reserveheld

Hohe Offiziere lieben es, im Fond großer offener Autos an ihren Truppen vorbei zu defilieren. Nicht anders war es bei der Generalität der Nationalen Volksarmee (NVA), die sich zu diesem Zweck 1969 zwei Paradewagen schneidern ließ. Deren Basis waren Sachsenring-Limousinen, die mit Bauteilen des Wartburg 353 aufgefrischt wurden.

Ende der 60er-Jahre hatte die ostdeutsche Militärführung in Strausberg befunden, dass es Zeit für neue Dienstfahrzeuge sei. Darum erteilte man dem Zwickauer Werk den Auftrag, doch bitte zwei große, viertürige Parade-Phaetons (so nannte man derartige Fahrzeuge vor dem Krieg) zu bauen. Sie sollten moderner wirken als die fünf offenen Parade-Sachsenring, die 1956 in Dienst gestellt worden waren – aber sie sollten wiederum die gleiche Basis nutzen. In Zwickau waren aber inzwischen sämtliche Werkzeuge und Restteile aus jener Ära verschwunden, man fertigte einzig und allein und in immer größerer Stückzahl den Trabant. Aber so einen Auftrag kann man nicht ablehnen, und darum wurden zwei P 240-Schrottfahrzeuge Baujahr 1956 „organisiert", entbeint und im Musterbau des Werks völlig neu aufgebaut.

Stilistische Vorbilder für solche Autos gab es allenfalls in den USA (oder als Kopien in der UdSSR). Handicap der Zwickauer war jedoch, das Fahrgestell mit den relativ kurzen 2,80 Meter Radstand und der kompletten

Das Sachsenring-S fand sich so auch am Trabant. Der Name des offenen Autos spricht für sich

Technik übernehmen zu müssen – und dennoch für eine modernisierte Linienführung zu sorgen. Denn Motor und Getriebe, selbst die Bremsanlage stammten vom originalen P 240. Allerdings kamen neue 15-Zoll-Reifen (Dunlop P240 SP) zum Einsatz, und der Motor musste funkentstört werden wie bei den Militärversionen P 2M und P3.

Das Fahrzeug wirkt wegen der großen Überhänge infolge des vorgegebenen Radstands (vorn 960 mm, hinten 1200 m) nicht harmonisch genug. Die glattflächige Karosserie aus Glasfiber-Kunststoff verfügt weder über ein Verdeck noch über Seitenfenster. Doppel-

Sachsenring Repräsentant (Unikat)
Der Reserveheld

scheinwerfer mit dazwischen platzierten Punkt-Blinkern und ein feinmaschiges Kühlergrill sind wie bei großen US-Luxuslinern angeordnet. Zwei Spiegel vorn und das große „S" auf der eingelassenen Haube setzen eigene Akzente. Die Türschlösser stammen vom Wartburg 353. Sechs runde Rückleuchten und eine riesige Heckklappe – unter sich Zusatzbatterien und Funkgerät verbargen – unterstrichen die stilistische Unausgewogenheit.

Das mit Wartburg-Instrumenten (Tacho bis 150 km/h, Wassertemperatur, Tankinhalt, Öldruck) ausgestattete Interieur verfügte über ein großes Zweispeichen-Lenkrad mit der bekannten Lenkradschaltung vom P 240. Das Zündschloss sitzt links, die Handbremse findet sich wie beim alten Sachsenring mittig unter dem Instrumententräger. Zwei durchgehende und eher billig wirkende Kunstleder-Sitzbänke (1,30 Meter breit), die Haltestange für die hochdekorierten Hinterbänkler sowie eine Halterung für zwei Mikrofone zeugten vom nüchternen Verwendungszweck.

Die Umbaukosten pro Fahrzeug betrugen 100.000 Mark, vorab wurden 20.000 Mark angezahlt, die ursprünglich als Endsumme vereinbart worden waren. Auftraggeber war wieder die Verwaltung der Nationalen Volksarmee in Strausberg bei Berlin, die den „Repräsentant" erstmals für die Militärparade zum 20. Jahrestag der DDR im Oktober 1969 einsetzte. Hauptnutzer waren Armeegeneral Heinz Hoffmann und Generaloberst Stechbarth, Chef der Landstreitkräfte. Flaggenstander vorn links und in Bronze gegossene DDR-Embleme auf beiden hinteren Türen schmückten auch den Auftritt am 1. Mai 1972 vor dem Staats-

Die Anzeigeinstrumente stammen aus dem Wartburg 353, das Zweispeichenlenkrad ist eine Neuschöpfung. Es blieb bei der Lenkradschaltung

Unter Verwendung von reichlich Kunststoff entstand dieser „Parade-Phaeton" auf Basis des P 240. Beachtenswert der mittige Haltegriff und die Mikrofonhalterung

Der 80-PS-Motor wurde für den Einsatz im Generalsfahrzeug nochmals aufwendig funkentstört

ratsgebäude in Berlin. Eines der Fahrzeuge trug die hier abgebildete Nummer VA 14-0601, das andere Nummer VA 14-0602. Ende der 70er-Jahre erschien der Armeeführung die alljährlich zum 1. Mai und zum 7. Oktober eingesetzten Vorzeigewagen wohl nicht mehr repräsentativ genug.

Aber beide Parade-Cabrios haben überlebt: Einer steht schon seit Dezember 1983 im Militärhistorischen Museum (damals Armeemuseum der NVA) in Dresden, er gehörte zuvor zur NVA-Dienststelle Neu-

Daten & Fakten: Sachsenring Repräsentant (Unikat)

▶ **Motor:** Sechszylinder-Reihenmotor über der Vorderachse; über seitliche Nockenwelle angetriebene hängende Ventile; Hubraum 2407 cm³; Bohrung x Hub 78,0 x 84,0 mm; Leistung 80 PS bei 4250/min; max. Drehmoment 167 Nm bei 1400/min; Verdichtung 7,1 : 1; siebenfach gelagerte Kurbelwelle; ein Flachstromvergaser BVF F 36/3; Druckumlaufschmierung (5,5 Liter Öl); Wasserkühlung (13 Liter).

▶ **Kraftübertragung:** Heckantrieb, teilsynchronisiertes Vierganggetriebe (I. 3,154; II. 2,000; III. 1,304, IV. 0,862; Antriebsübersetzung 4,556) hinter der Vorderachse, Lenkradschaltung; Einscheiben-Trockenkupplung.

▶ **Karosserie/Fahrwerk:** Kastenrahmen mit Kunststoffkarosserie (Glasfiber) verschraubt; Einzelradaufhängung vorn mit Doppelquerlenkern, Längsfederstäben, und Teleskop-Stoßdämpfer, hinten Starrachse mit Dreieck-Schublenkern und Längsfederstäben, Teleskop-Stoßdämpfer; Zweikreisbremsanlage (Trommeln), 185 HR 15-Reifen (Dunlop) auf 5.5 J x 15-Rädern; Schnecken-Lenkung.

▶ **Maße/Gewichte:** Länge / Breite / Höhe 4870 / 1660 / 1370 mm; Radstand 2800 mm, Spurweite v/h 1350 / 1400 mm; Leergewicht 1600 kg; zul. Gesamtgewicht 2025 kg; 60 Liter Kraftstofftank (im Heck).

▶ **Fahrleistungen/Verbrauch:** Höchstgeschwindigkeit 130 km/h; Verbrauch 15 Liter / 100 km.

▶ **Bauzeit/Stückzahl:** 1969, 2 Exemplare.

Sachsenring Repräsentant (Unikat)
Der Reserveheld

Unter der großen Heckabdeckung befanden sich Zusatzbatterien und Funkgerät

enhagen bei Berlin und hatte ganze 32.250 Kilometer auf der Uhr. Das Museum vermerkte zum Zustand: „äußerst guter Pflegezustand, fahrbereit, mit westdeutschen Dunlop-Reifen ausgestattet". Bis zur Eröffnung des neuen Dresdner Museumsgebäudes im Jahr 2007 bleibt er allerdings unter Verschluss.

Der hier gezeigte, andere Wagen befindet sich seit 1997 im August Horch Museum in Zwickau. Er hatte zuvor zum Fundus des DEFA-Spielfilmstudios Babelsberg gehört. Dieses Auto war aber total zerkratzt und wurde darum von der gesamten Museumsmannschaft in Zwickau tagelang mit feinem Schleifpapier bearbeitet. „Mit den letzten Resten von Elsterglanz", so Museumsleiter Jürgen Pönisch, „haben wir den Chrom hochglanzpoliert." Die Radkappen wurden neu verchromt, statt des DDR-Logos in teurem Bronzeguss musste zunächst eine einfachere Variante realisiert werden. Geplant ist nun, neue Stander sticken zu lasen – die Befestigungslöcher in den vorderen Kotflügeln wurden bewusst nicht zugespachtelt.

Eines der größten Mankos des Autos blieb, dass der „Repräsentant" eben nicht repräsentativ genug war – beispielsweise also kein Achtzylinder unter der Haube hatte, wie er im sowjetischen Tschaika (der in offener Version den Sachsen bei der Armeeführung ablöste) oder im tschechischen Tatra zu haben war. So gesehen passte der DEFA-Filmtitel von 1964 ganz besonders gut auf zum P 240. Den „Reservehelden" spielte dabei der Filmkomiker Rolf Herricht, zusammen mit Marita Böhme und Gerhard Rachold.

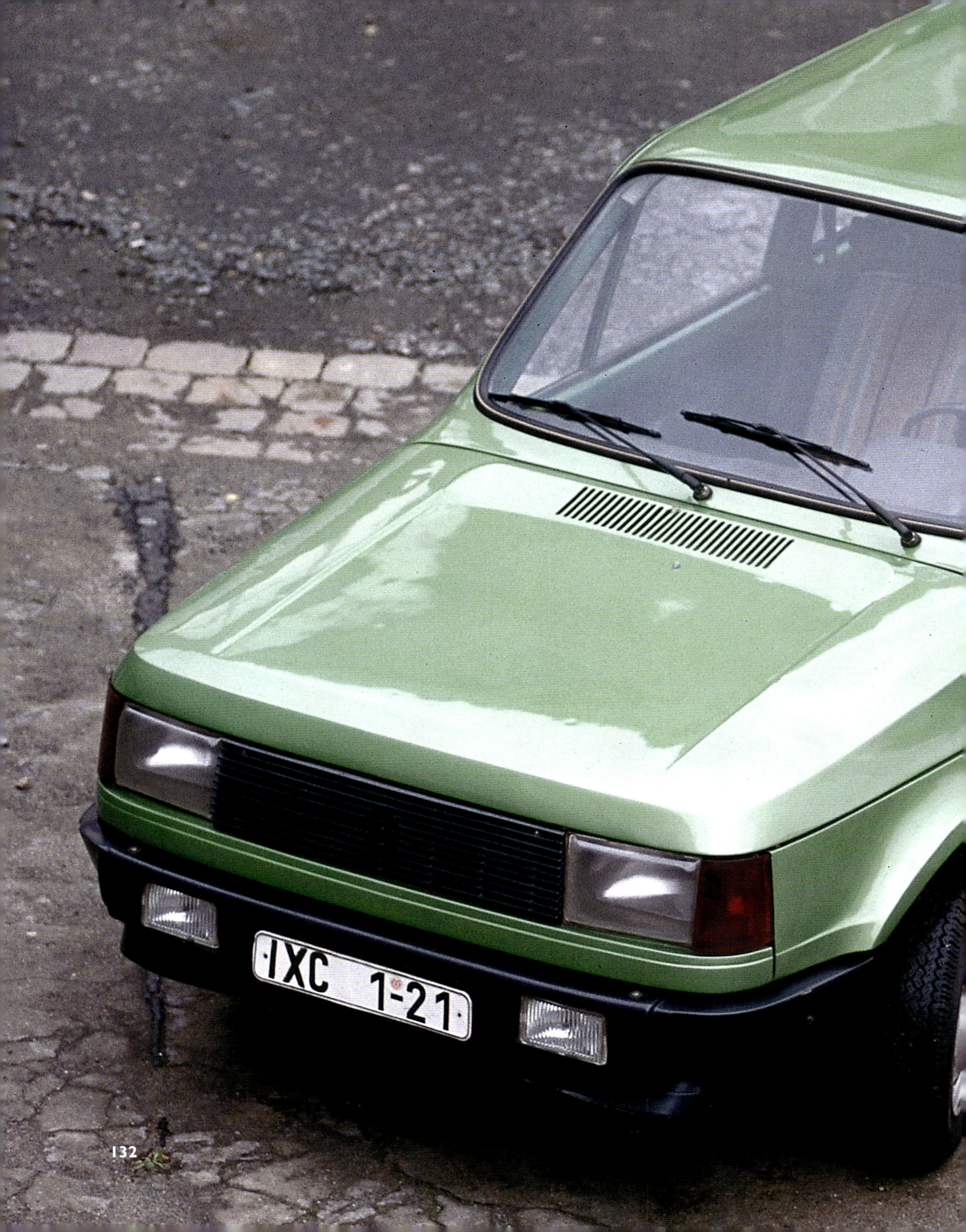
IXC 1-21

P 610 (Prototyp)

For Eyes only

Dass die Zwickauer wirklich Spaß an der ewig gleichen Form des Trabant gehabt hätten, kann niemand allen Ernstes behaupten. Immer wieder stellten sie Prototypen auf die Räder, die voll den Zeitgeschmack trafen oder sogar Trends setzten. Die letzte Serie von Versuchsmustern lief unter der Bezeichnung P 610 bis zum Jahr 1979. Die Öffentlichkeit bekam diese Fahrzeuge nie zu Gesicht.

Ein Golf- oder Polo-Prototyp? Weit gefehlt – ab 1973 entstanden solche Funktionsmuster in Zwickau

„For Eyes Only - Streng geheim!" hieß ein DEFA-Spionagefilm mit Alfred Müller im Jahr 1963, und nach diesem Motto verfuhr auch die Automobilindustrie: Abgesehen von einigen Insidern bekam nie jemand die Funktionsmuster zu sehen, die von den ostdeutschen Automobilentwicklern geschaffen wurden. Im Gegenteil – nachdem sie von den politischen Entscheidungsträgern in Ost-Berlin in Augenschein genommen und verworfen wurden, mussten sie verschrottet werden. Es grenzt an ein Wunder, dass mindestens zwei P 610-Prototypen überlebten. Danach war Schluss mit weiteren Entwicklungen, der Trabant erfuhr künftig Jahr für Jahr klitzekleine Neuerungen, mehr nicht. Aber, Gipfel der Ironie: Die nicht beseitigten Unikate wurden zum 750. Jubiläum der Stadt Berlin anno 1987 dem staunenden Publikum vorgeführt.

Bereits 1966 waren in Zwickau neun Versuchsmuster des P 603 entstanden. Diese Schrägheck-Limousinen sollten 1969 / 70 den Trabant 601 ersetzen. Erstmals wurden hier neben den bekannten Zweitaktern auch Viertakter von Skoda sowie Kreiskolbenmotoren getestet. Beim kantigen Aufbau behielt man das bisherige Prinzip – Duroplast beplanktes Stahlgerüst – bei. Der Radstand war allerdings auf 2330 mm gewachsen, um mehr Platz im Innenraum zu schaffen. Einbezogen in das Projekt war auch das Automobilwerk Eisenach. Als man aber im Zuge der Untersuchungen erkennen musste, dass sich der P 603 nur mit Mühe zu einem konventionellen Stufenheck-Fahrzeug als Wartburg-Nachfolger modifizieren ließ, wurden 1968 die Entwicklungsarbeiten eingestellt.

Nächstes Versuchsmuster war dann der P 760, an dem ab 1970 gearbeitet wurde. Mit von der Partie waren die Zwickauer (als Entwicklungsführer), die Eisenacher und Skoda – das Ganze nannte sich „RGW-Auto" (Rat für Gegenseitige Wirtschaftshilfe, im Westen als Comecon bezeichnet – also das Gegenstück zur Europäischen Wirtschaftsgemeinschaft). Das Wartburg-Werk sollte das Getriebe entwickeln, die Sachsenring-Werker waren für Vorderachse, Antriebswellen und Lenkung verantwortlich. Skoda sollte schließlich den Motor und die Hinterachse beisteuern.

Der Aufbau bestand nun, selbsttragend, aus Stahlblech. Er war auf vier Meter Außenlänge, der Radstand gar auf 2,45 Meter ausgelegt – dies übertraf die Abmessungen des bisherigen Trabant beträchtlich und zielte eigentlich in eine andere Fahrzeugklasse. Auch beim P 760 war Frontantrieb vorgesehen, auch hier sollte der Motor quer eingebaut werden. Die Hinterachskonstruktion ähnelte der des Fiat 128 / Zastava 1100 mit Querlenkern und Federbeinen, aber konventioneller Querblattfeder.

Geplant waren die Karosserieversionen Schrägheck (für Zwickau) und Stufenheck / Kombi (Eisenach und

P 610 (Prototyp)

Skoda). Teilweise bizarre Designmuster entstanden, darunter das „Hängebauchschwein" aus Zwickau. Ab 1972 wurden die mit Zwei- und Viertaktern bestückten Versuchswagen erprobt; als Selbstkostenpreis des P 760 galten damals 5.400 Mark. 1973 verfügten die Berliner Behörden allerdings die Einstellung aller Entwicklungsarbeiten.

Immerhin wurden bereits im September 1973 die Arbeiten wieder aufgenommen – nun unter der Codebezeichnung P 610. Alles deutete darauf hin, dass diesmal Ernst gemacht werden sollte. Wiederum waren die drei bekannten Partner eingebunden – die Produktion sollte 1984 beginnen. Geplant waren dann 240.000 Einheiten jährlich in Zwickau, insgesamt rechnete man mit 600.000 Exemplaren in den drei beteiligten Werken. Zum Vergleich: Vom Trabant liefen Mitte der 70er pro Jahr knapp 110.000 Stück vom Band, 1984 waren es dann 130.000 Exemplare. Man errechnete sogar die Fertigungszeit pro Auto – nämlich 34,5 Stunden – sowie den Selbstkostenpreis, der

Quereingebauter Vierzylinder-Viertakter im prallgefüllten Motorraum des P 610. Hier findet sogar noch das Reserverad Platz

Der Trabant-Nachfolger, hier im Kreise seiner Lieben, wäre zweifelsohne ein Erfolg geworden. Der abgebildete 1976er-Prototyp hat gefällige Rechteckscheinwerfer

Funktionaler Innenraum mit kantigem Styling. Der Tacho des 1,1-Liter-Autos reicht bis 140 km/h

Gasdruckdämpfer halten die Heckklappe. Das große Rückfenster besitzt sogar einen Scheibenwischer

stolze 8.980 Mark betrug. Der Endverbraucherpreis hätte dann bei etwa 15.000 Ost-Mark gelegen.
Der P 610 entstand in insgesamt 20 Funktionsmustern für die Automobilwerke Eisenach (mit 1,3-Liter-Motor – darum auch Typ 1300 genannt) und Zwickau (mit 1,1-Liter, auch als P 1100 bezeichnet). Die ersten 14 Prototypen trugen Rundscheinwerfer und waren alles andere als formschön. Erst dann kamen Muster mit flacherer Bodenwanne und durchgehend gerader Gürtellinie. Ab dem 16. Auto gab's Rechteckscheinwerfer.

Daten & Fakten: P 610 (Prototyp)

▶ **Motor:** Vierzylinder-Reihenmotor (Skoda) quer vor der Vorderachse; über seitliche Nockenwelle (Kette) gesteuerte hängende Ventile; Hubraum 1107 cm³; Bohrung x Hub 72,0 x 68,0 mm; Leistung 45 PS bei 5000/min; max. Drehmoment 75 Nm bei 3000/min; Verdichtung 9,5 : 1; fünffach gelagerte Kurbelwelle; ein Fallstromvergaser Jikov 32; Batterie 12V 44 Ah; Drehstrom-Lichtmaschine 53 A.

▶ **Kraftübertragung:** Frontantrieb, vollsynchronisiertes Vierganggetriebe quer vor der Vorderachse, Knüppelschaltung in Wagenmitte; Einscheiben-Trockenkupplung.

▶ **Karosserie/Fahrwerk:** Ganzstahlkarosserie selbsttragend, Einzelradaufhängung mit Doppelquerlenkern, Schraubenfedern, Teleskop-Stoßdämpfern und Querstabilisator; hinten Einzelradaufhängung mit Schräglenkern, Schraubenfedern, Teleskop-Stoßdämpfern; Zweikreis-Bremsanlage (Trommeln hinten, Scheiben vorn), 145 SR 13-Reifen; Zahnstangen-Lenkung.

▶ **Maße/Gewichte:** Länge / Breite / Höhe 3700 / 1590 / 1367 mm; Radstand 2380 mm, Spurweite v/h 1290 / 1260 mm; Leergewicht 730 kg; 30 Liter Kraftstofftank (hinten).

▶ **Fahrleistungen/Verbrauch:** Höchstgeschwindigkeit 125 km/h; Verbrauch 8,0 Liter /100 km.

▶ **Bauzeit/Stückzahl:** 1973 - 1979, 20 Exemplare.

P 610 (Prototyp)
For Eyes only

Die meisten Prototypen wurden vernichtet, dieses Exemplar überlebte und ist heute in Zwickau ausgestellt

Die hier gezeigte dreitürige AWZ-Version war die wohl modernste Trabant-Interpretation, beispielsweise gegenüber einem VW Polo hätte sie sich nicht verstecken müssen. Der cW-Wert des Schrägheckwagens von 1976, der heute im August Horch Museum Zwickau steht, beträgt 0,36. Das Knickmaß vom Gaspedal bis zur hinteren Sitzlehne misst 1670 mm. Ein ebenfalls mit Skoda-Motor versehener, zweiter P 610 von 1979 steht heute als Leihgabe der Zwickauer im Verkehrsmuseum Dresden. Masse und Motorisierung der Fahrzeuge waren bei weitem ausgewogener als beim bisherigen, fast gleich großen Trabant. In Eisenach entstand derweil eine Stufenheck-Variante, die dem Skoda S 105 ähnelte. Insider meinen, die Tschechen hätten die Form „abgekupfert"

Die quereingebauten Motoren stammten aus der CSSR, angetrieben wurden die Vorderräder. Auch die meisten anderen Technikfeatures des Vorgängers P 760 wurden übernommen – einschließlich des selbsttragenden Aufbaus mit der weit nach oben öffnenden Heckklappe und dem hinten rechts platzierten Tankstutzen. Ungewöhnlich für Trabant-Eigner dürften die Knüppelschaltung und die Unterbringung des Ersatzrads im Motorraum gewesen sein. Der extrem kantig gestylte Instrumententräger beinhaltet nur ein Kombi-Instrument unter einem großzügigen Blendschutz; der Tacho reicht bis 140 km/h.

Diesmal gedieh das Projekt bis zum Aufbau neuer Fertigungsstätten und Werkzeuge – ein neues Presswerk in Eisenach wurde eingerichtet, in Mosel war ein Gelenkwellenwerk im Bau. Zahnstangengelenke und Gelenkwellen aus der DDR sollten dann gegen Motoren und Scheibenbremsen aus der CSSR verrechnet werden. Im November 1979 allerdings zogen die höchsten Politkader der SED die Notbremse und beendeten auch dieses hoffnungsvolle Unterfangen. Zu einer wie auch immer gearteten Neuaufnahme der Arbeiten kam es nicht mehr, statt dessen ging man in den 80er-Jahren eine Kooperation mit Volkswagen ein.

Streng geheim war nun gar nichts mehr, nach und nach kam die Wahrheit über die vielen vergeblichen Erneuerungsversuche ans Licht. Höchst bedauerlich, höchstens nur eine Handvoll der 20 Prototypen des P 610 überlebt haben.

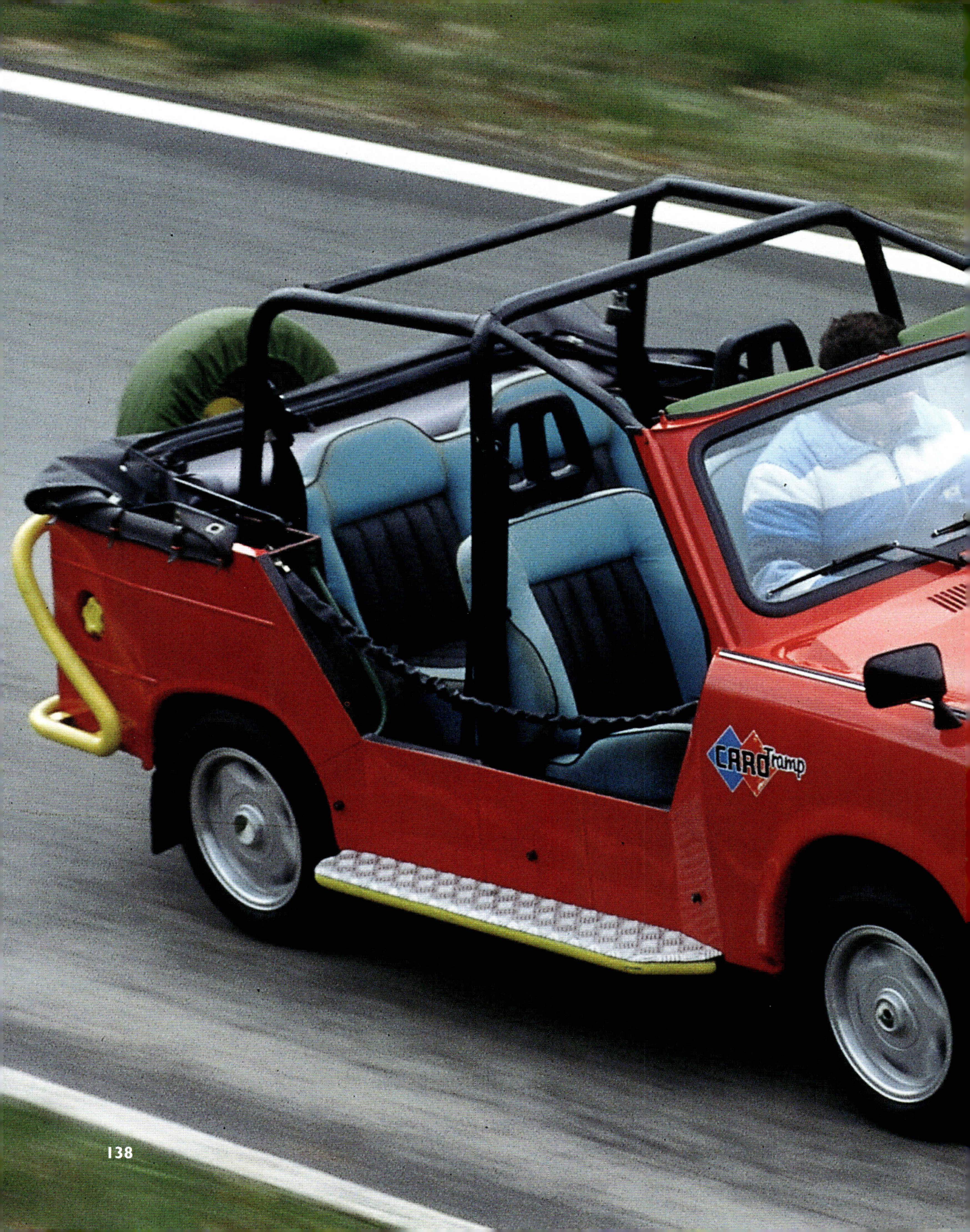
CARDTramp

Trabant 1.1 Caro Tramp

Mit mir nicht, Madame!

Mumie mit Herzschrittmacher nannten manche Spötter den Trabant mit Viertaktmotor. Weil die bisherige Karosse weitgehend beibehalten wurde, hatte der Wagen nach der politischen Wende in der DDR tatsächlich keine Chance mehr. Hoffnung gab es allenfalls für den zum Spaß-Cabrio umgemodelten Grenzer-Kübel. In Zusammenarbeit mit dem westdeutschen Ingenieurunternehmen IVM sollte damit ab 1990 eine Marktnische gefüllt werden.

Anders als der renovierungsbedürftige „Konsum"-Laden macht der Caro Tramp einen prächtigen Eindruck

Die Leser von Boulevardzeitungen wissen es längst: Nicht jeder Versuch, ein ältliches Model(l) zu verjüngen, ist von Erfolg gekrönt. Auch die DEFA-Verwechslungskomödie mit Rolf Römer von 1969 lehrte, dass sich zwischen Schein und Sein oft nur ein schmaler Grat befindet. Dem Trabant 1.1 Caro Tramp blieb diese Erfahrung nicht erspart. Gleichwohl – hätte man das Ganze eher gemacht und mehr gewagt, wäre ihm vielleicht Erfolg beschieden gewesen.

Denn das poppige Oben-ohne-Fahrzeug war viel zu nahe dran am berüchtigten Grenzer-Kübel, der ab Herbst 1966 tausendfach an die Staatsgrenze West expediert wurde. Der damalige P 601/A ging zunächst ausschließlich an die Armee; dann bekamen ihn auch einige Forst- und Landwirtschaftsbetriebe. Genau wie alle anderen Trabant gab es ihn anfangs mit 23 PS, ab 1974 mit 26 PS. Erst 1978 wagte das Sachsenring-Werk, parallel zu den spartanischen, grundsätzlich feldgrün lackierten Kübelwagen auch eine Zivilversion namens Tramp aufzulegen: Mit anderer Farbgebung und modernisiertem Innenraum ging sie ausschließlich in den Export, unter anderem nach Griechenland. Insgesamt entstanden bis 1990 exakt 10.972 offene Trabant mit Zweitaktmotor – davon mehr als 1.000 zivile Tramp.

Ihnen allen gleich war der geänderte Aufbau: Die A-Säule und der vordere Scheibenrahmen wurden verstärkt, statt Türen gab's Einstiegs-Einschnitte, die hinteren Kotflügel schlossen kastenförmig ab. Hinten befand sich das Ersatzrad, über die gesamte Länge des Viersitzers spannte sich ein Planenverdeck, das sich hinter der Rücksitzlehne ablegen ließ. Die Beplankung um die Türausschnitte herum sowie der kantige, hintere Teil des Autos bestanden aus Stahlblech. Ebenfalls mit Blech verstärkt war die Bodenwanne zum Schutz des Vorschalldämpfers, die Stoßfänger bestanden aus Stahlrohrprofilen. Zusätzlich zur konventionellen Krümmerheizung gab's optional eine Benzinheizung. Bereift waren Kübel und Tramp mit grobstolligeren Winterreifen. Eine Allradversion war nie im Angebot, die Antriebstechnik entsprach der von Limousine und Kombi.

Trabant 1.1 Caro Tramp

Mit mir nicht, Madame!

Knallige Farben und Accessoires aus dem Offroad-Bereich sollten den offenen Trabi zum Spaßmobil machen

1984 hatte die Entwicklung des Trabant 1.1 mit Viertaktmotor begonnen, Mitte 1988 waren die ersten 20 Funktionsmuster, darunter drei Kübelwagen, fertiggestellt. Selbst einige Autos mit 1,3-Liter-Diesel wurden erprobt, eine Serieneinführung aber in weitere Ferne verschoben. Bis Ende 1988 entstanden dann nochmals 150 Trabant 1.1 als Vorserie. Die im neuen Werk Mosel gefertigte Nullserie 1989 umfasste 722 Fahrzeuge. Die Kosten explodierten derweil, der neue Wagen hätte nach aktueller Berechnung 23.000 DDR-Mark kosten müssen. Staatlich festgelegt wurde jedoch ein subventionierter Grundpreis von 18.000 Mark.

Es war schon schwierig genug gewesen, den größeren, 60 kg schwereren und bedeutend stärkeren Motor

141

Unter der erstmals blechernen Motorhaube sitzt ein verblüffend leise laufender 1,1-Liter-Viertakter. Statt 26 PS wie im Trabant 601 leistet er stolze 40 PS

samt Nebenaggregaten im kleinen Trabant unterzubringen. Der Vorderwagen musste verstärkt und die Spur verbreitert werden. Auch das tragende Skelett musste verstärkt werden; 90 Prozent der Teile wurden so erneuert. Neu waren weiterhin die platzsparenden McPherson-Federbeine, hinten kam eine Schräglenker- statt der bisherigen Pendelachse zum Einsatz (wobei bereits 1988 hinten Schraubenfedern die Blattfeder ersetzt hatten).

Die vorderen Räder erhielten endlich Scheibenbremsen, ein Zweikreis-Bremssystem wurde eingeführt Hinten blieb's bei Trommelbremsen. Natürlich wurde auch die Hinterachse verstärkt. Und der Kraftstofftank wechselte aus dem Motorraum ins Heck und war nun erstmals von außen zu befüllen. Neu waren auch die flottere Innenausstattung und die Knüppelschaltung zwischen den Vordersitzen, die allerdings das Platzangebot einschränkte. Äußerlich aber änderte sich nur wenig an der Linienführung, lediglich die Motorhaube

Breite Trittbretter und massive Bügel machen den Viersitzer aggressiver, als er wirklich ist

Trabant 1.1 Caro Tramp

und die Kühlerattrappe waren nun etwas anders und aus Stahlblech geformt.

Die eigentliche Serienproduktion des Typ 1.1 begann aber erst im Mai 1990 im Werk Mosel, obwohl dort der Polo laufen sollte – Ende 1990 wurde die Fertigung darum zurück nach Zwickau ins Werk II verlagert. Aber angesichts der Währungsreform, als jedermann nach einem westlichen Auto Ausschau zu halten begann, half dies alles nichts mehr. Die Zwickauer bemühten sich nach Kräften, die Fertigung der veränderten Nachfrage anzupassen – bauten nun beispielsweise vor allem Kombis statt Limousinen, senkten die Preise, lockten mit immer neuen Goodies. So sind im Nachhinein einige wenige Wandlerautomaten und ungeregelte Katalysatoren auf Kundenwunsch von der Versuchsabteilung installiert worden; selbst der Einbau von Fünfganggetrieben wurde vorbereitet.

Mit der Ausstattung des Trabant mit dem VW-Viertakter im Jahr 1990 wurde auch der Tramp neu konfiguriert, der militärische Kübelwagen fiel aus dem Programm. Ab Werk mit verschweißtem Überrollbügel und Flower-Power-Bemalung angeboten, sollte er als Spaß-Mobil für 12.980 DM seine Käufer finden. Insge-

Neu beim Viertakt-Trabant war auch die hinten rechts installierte Tankklappe

Das peppige Interieur des Caro Tramp umfasst unter anderem Sport-Lenkrad, Ledersitze und Blaupunkt-Radio

samt 496 Einheiten wurden fertiggestellt – 234 in 1990 und 262 in 1991. Ein dünner Prospekt mit der Aufschrift „Der Freizeitspaß der 90er-Jahre" verkündete marktschreierisch: „Mit peppigem Funcar-Design und ganz neuer Technologie. Die solide Stahlrahmenkonstruktion macht jedes Abenteuer mit. Und der in Lizenz gefertigte Polo-Motor ist bekannt dafür, dass er läuft und läuft und läuft."

Im Mai 1990 war der dreimillionste Trabant fertiggestellt worden; im Hintergrund wurden schon die ersten Volkswagen Polo durchs Bild geschoben, die versuchsweise in Mosel montiert worden sind. Der freie Wettbewerb traf die Sachsen mit ihren sehr exklusiven Stückzahlen völlig unvorbereitet – anderswo wurde mit ganz anderer Kapazität gerechnet, um konkurrenzfähig zu bleiben: Volkswagen hatte seit dem Neubeginn nach dem Krieg bereits über 50 Millionen Autos gebaut.

Daraufhin wurden Maßnahmen zur Absatzförderung angeschoben und staatlicherseits gefördert. Dies betraf in allererster Hinsicht Facelift-Vorschläge des Münchner Prototypenspezialisten IVM, die den Export nach Polen und Ungarn ankurbeln sollten. In Zusammenarbeit mit den Bayern waren 1990 für einen Millionenbetrag drei Fahrzeuge – je eine Limousine, ein Pick-up und ein Tramp – so aufgefrischt worden, dass ohne viel Aufwand und Kosten die Serienfertigung beginnen sollte. Erstmals gezeigt wurden sie auf der Leipziger Herbstmesse jenes Jahres. Zum Zeitpunkt des IVM-Engagements war der Zweitakt-Trabant bereits aus dem Programm gestrichen – das letzte Exemplar (einer von 60 speziell gekennzeichneten Tramp) hatte am 18. Juni 1990 das Band verlassen, am 21. September wurde der letzte Zweitaktmotor montiert. Unmittelbar darauf begann die Demontage der Fertigungsstätten in Zwickau.

In eine Serienfertigung gelangten die IVM-getunten Autos nicht mehr. Die wenigen im Musterbau Zwickau handgefertigten Exemplare wurden in Deutschland veräußert, ein Tramp gehört beispielsweise heute zur Privatsammlung von IVM-Chef Arpad Kiss. Auffällige Farben, Schutzgitter im Kuhfänger-Look, buntes Sport-Lederlenkrad, Ledersitze, Blaupunkt-Radio und Trittbretter – so aufgefrischt sollen rund 60 Caro Tramp entstanden sein, während Limousine und Pick-up Einzelstücke blieben.

Das hier gezeigte Caro Tramp-Einzelstück gehört heute zur Sammlung des August Horch Museums in

Daten & Fakten: Trabant 1.1 Caro Tramp

▶ **Motor:** Vierzylinder-Reihenmotor BM 820 quer vor der Vorderachse; über obenliegende Nockenwelle (Zahnriemen) gesteuerte hängende Ventile; Hubraum 1043 cm³; Bohrung x Hub 75,0 x 59,0 mm; Leistung 40 PS bei 5300/min; max. Drehmoment 73 Nm bei 3000/min; Verdichtung 9,5 : 1; fünffach gelagerte Kurbelwelle; ein Fallstromvergaser Solex 32 TLA; Druckumlaufschmierung (3,5 Liter Öl); Wasserkühlung (Pumpenumlauf, 7,0 Liter); Batterie 12V 44 Ah; Drehstrom-Lichtmaschine 740 W.

▶ **Kraftübertragung:** Frontantrieb, vollsynchronisiertes Vierganggetriebe (I. 3,250, II. 2,053, III. 1,342, IV 0,955; Antriebsübersetzung 4,267) quer vor der Vorderachse, Knüppelschaltung in Wagenmitte; Einscheiben-Trockenkupplung.

▶ **Karosserie/Fahrwerk:** Plattformrahmen mit Stahlblechskelett verschweißt, Kunststoff / Stahlbeplankung; Einzelradaufhängung mit Querlenker unten, McPherson-Stoßdämpfer (mit Schraubenfedern), Querstabilisator; hinten Einzelradaufhängung mit Schräglenkern, Dreieckquerlenker, Schraubenfedern, Teleskop-Stoßdämpfer; Zweikreis-Bremsanlage (Trommeln hinten, Scheiben vorn), 145 SR 13-Reifen (optional 155/70 SR 13) auf 4.0 J x 13-Rädern; Zahnstangen-Lenkung.

▶ **Maße/Gewichte:** Länge / Breite / Höhe 3500 / 1560 / 1520 mm; Radstand 2020 mm, Spurweite v/h 1284 / 1255 mm; Leergewicht 720 kg; zul. Gesamtgewicht 1095 kg; 28 Liter Kraftstofftank (hinten).

▶ **Fahrleistungen/Verbrauch:** Höchstgeschwindigkeit 122 km/h; 0 - 100 km/h in ca. 22 s; Verbrauch 8,0 Liter /100 km.

▶ **Bauzeit/Stückzahl:** 1990 - 1991, 39.474 Trabant 1.1 (davon 496 Tramp).

Trabant 1.1 Caro Tramp

Mit mir nicht, Madame!

Genau wie beim einstigen Grenzer-Kübel sitzt das Ersatzrad außen an der Karosserie

Zwickau und rollt nur noch zu besonderen Anlässen über sächsischen Straßen. Alle Bemühungen brachten nichts mehr – am 30. April 1991 endete die Trabant-Fertigung in Form eines pinkfarbigen 1.1-Kombis. 1994 kamen noch 444 Viertakter nach Deutschland zurück, die in der Türkei auf Halde gestanden hatten. Sie erhielten eine durchgehende Nummerierung und kosteten als Sammlerstücke fast 20.000 DM. Zu den priviligierten Käufern gehörte beispielsweise Rockstar Udo Lindenberg.

Auch der Versuch der usbekischen Firma Olimp, in Taschkent den Trabant weiterzubauen, zerschlug sich im Jahr 1997. Die Behörden registrieren andererseits nach dem Auslauf der Ersatzteilproduktion einen Rückgang an Trabant-Zulassungen in Deutschland – im Jahr 2001 waren nur noch 166.000 Zweitakt-Trabant und 3700 Trabant 1.1 zugelassen. Der Weg zum klassischen Liebhabermobil ist geebnet.

Melkus RS 1000

Das unsichtbare Visier

Etwas Geheimnisvolles umgab dieses aufregend geformte Coupé, das perfekt zur Grundausstattung eines erfolgreichen DDR-Geheimagenten gepasst hätte – so wie ein Aston Martin zum Westkollegen James Bond. Aber der RS 1000 ist noch viel rarer als die britische Nobelschleuder: Zwischen 1969 und 1979 entstanden nur rund einhundert Exemplare davon – mit Design-Anklängen an die Corvette und mit der Technik vom Wartburg 353.

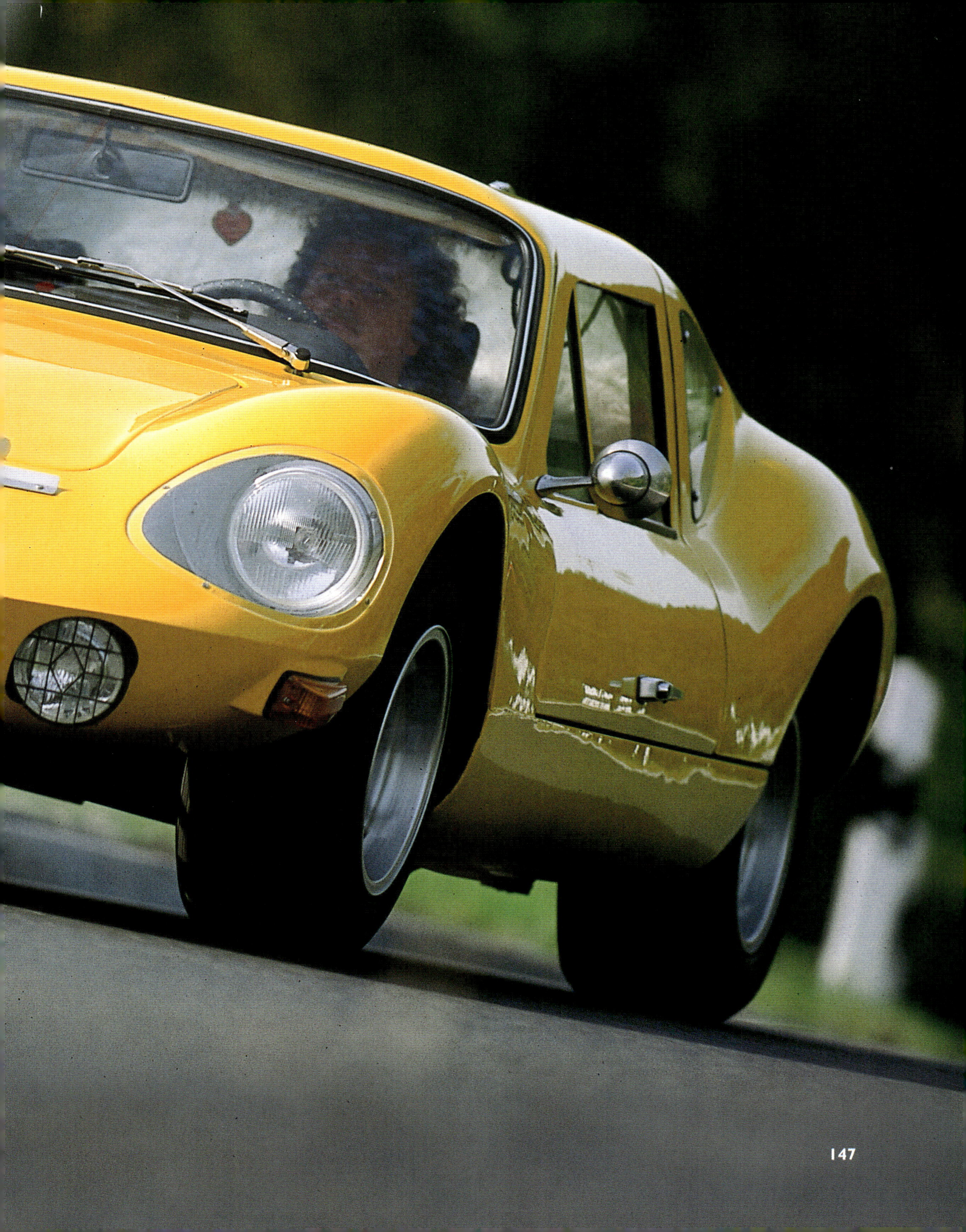

Hätte es in der DDR Autoquartetts gegeben, wäre der Melkus RS 1000 sicher der unbestrittene Joker gewesen. Gab's aber nicht. Und hätte sich Armin Müller-Stahl erweichen lassen, in der perfekt inszenierten TV-Serie „Das unsichtbare Visier" von 1973 ein weiteres Mal als ostdeutscher James-Bond-Verschnitt aufzutreten, wäre für seinen nächsten Einsatz zur Wahrung des Weltfriedens wohl nur der telegene Flügeltürer aus Dresden in Frage gekommen. Aber der mit hohen staatlichen Auszeichnungen überhäufte Mime wollte nicht mehr den Kundschafter spielen und siedelte schließlich in den Westen über. So mussten die Requisiteure des staatlichen Fernsehfunks gar nicht erst auf Bitt- und Betteltour gehen.

Als Privatmann kamen aber weder Müller-Stahl noch irgend ein anderer Ost-Prominenter an den Traumwagen heran: Er war in allererster Linie als Rennsportgerät gedacht. Weder Geld noch gute Worte waren Voraussetzung für einen Kaufvertrag, sondern allein der schriftlich zu bekundende Wille, mit dem flachen Zweisitzer Rennen zu fahren. Dazu bedurfte es natürlich der Mitgliedschaft im Allgemeinen Deutschen Motorsport-Verband (ADMV) und des Besitzes einer Rennlizenz – Ausnahmen wurden zumindest in den ersten Jahren nicht gemacht.

Dabei kostete das Coupé anfangs wohlfeile 28.600, nach 1975 dann 29.800 DDR-Mark. Seine Basis, die Wartburg 353 Limousine, stand Ende der 60er-Jahre mit rund 18.000 Mark in der Liste. Wobei ein Durchschnitts-Werktätiger damals monatlich etwa 700 Mark brutto verdiente. Erstaunlicherweise war nicht einmal an den vermutlich devisenträchtigen Export des Zweitakt-Renners gedacht worden – ein Mitte der 80er-Jahre in Hessen gesichteter RS 1000 war lediglich

Melkus RS 1000
Das unsichtbare Visier

Die flache Flunder war das unerreichbare Traummobil aller Sportwagenfans in der DDR

im Zuge einer Übersiedlung über die deutsch-deutsche Grenze gekommen.

Ausschließlich für den schnellen Einsatzzweck hatte der Dresdner Heinz Melkus, DDR-Meister des Sports und vielfacher Pokalgewinner, das Fahrzeug entwickelt und erstmals am 13. / 14. September 1969 beim Dresdner Autobahnspinne-Rennen präsentiert. Das sehr schnell dreinschauende Coupé war grundsätzlich straßenzugelassen, um per Achse die nächste Rennpiste anzusteuern – das sparte wertvolle Transportkapazitäten. Und das war schließlich auch das einleuchtende Argument, mit dem Melkus bei den zuständigen Behörden die entsprechenden Materialzuweisungen locker machte und Kooperationsvereinbarungen mit Industriepartnern in Form einer „Sozialistischen Arbeitsgemeinschaft" anbahnte.

Der nahezu ungefilterte Motor- und Auspuffsound im Inneren ist Musik in den Ohren des RS 1000-Eigners

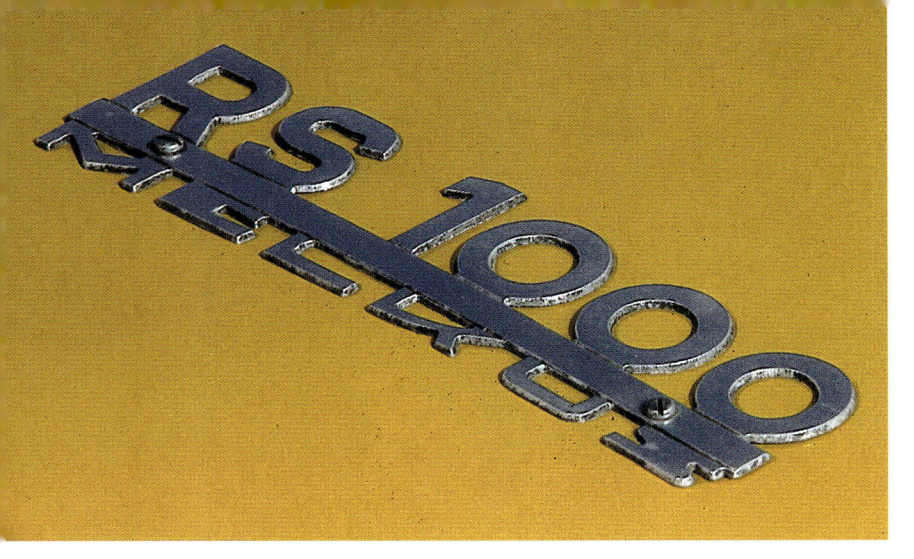

Autos mit diesem Typenschild sah man im normalen Straßenverkehr so gut wie nie

Der kurze Schaltknüppel ist eine Leihgabe aus dem sowjetischen Saporoshez

Der 1928 geborene Heinz Melkus war Besitzer einer privaten Fahrschule, Rennfahrer und Konstrukteur in Personalunion. Er hatte seit 1959 gut 80 Monoposti für die Formel Junior (später Formel C9) auf Wartburg-Basis gebaut. Krönung seines Lebenswerks war der RS 1000, der in der Grundversion 70 PS leistete und 170 km/h erreichte. Rundstrecken- und Bergrennen in den Ostblockstaaten waren die besondere Domäne des Autos, das nach FIA-Reglement in der Gruppe 4 (Sportwagen bis 1,3 Liter) homologiert wurde. Zur Leistungssteigerung auf 90 PS aus 1,0 Liter dienten größere Rennvergaser und ein Rennauspuff; natürlich erfuhr auch der Zylinderkopf eine Überarbeitung: Experimentell wurden die Höhe des Einlasskanals so verändert, dass sich optimale Steuerzeiten ergaben.

Melkus hatte sogar daran gedacht, mit dem Coupé eine eigene Rennserie zu begründen. Doch Reglementänderungen, die nunmehr 1,6 Liter Hubraum zuließen, verwiesen den RS 1000 ab 1973 / 74 auf die hinteren Plätze. Ambitionierte Ost-Rennfahrer sattelten auf Skoda- und Lada-Fahrzeuge um. Manche Melkus-RS 1000-Eigner ließen die Dreizylinder-Motoren auf maximal 1150 cm^3 aufbohren und das Verdichtungsverhältnis vergrößern. Dies brachte zwar etwas mehr Drehmoment, aber letztlich kaum bessere Platzierungen. Welche Reserven noch in dem Motor schlummerten, bewiesen Spezialisten des Wartburg-Werks, die mit einem Versuchsaggregat 118 PS erreicht haben sollen.

Das Dresdner Unternehmen meldete seinerzeit den Bau von insgesamt 101 Fahrzeugen (als Nummer 0 lief das immer wieder aktualisierte und sogar bei Rennen eingesetzte Experimentalfahrzeug „RW 33-01" von Heinz Melkus), in Sammlerkreisen kursiert aber die Zahl von 104 bis 110 Exemplaren. Offensichtlich wurden einige wenige Unter-Nummern vergeben, um weitere Autos zusammenzubauen. Offiziell hatten die Dresdner aber nur eine behördliche Genehmigung für den Bau von exakt 100 Exemplaren.

Etwa 60 Coupés dürften heute insgesamt noch existieren, 45 waren im Jahr 2001 beim Kraftfahrt-Bundes-

Melkus RS 1000

Das unsichtbare Visier

Kleines Sportlenkrad, Wartburg-Instrumente, Schalensitze – nur das Flokati-Dekor ist nicht original

amt registriert. Sicher ist, dass in Belgien zwei und in Ungarn eine Handvoll RS 1000 stehen. Drei bis vier Autos der frühen Jahre, die bei Rennen zerstört oder zu stark beschädigt wurden, sind nicht mehr aufgebaut worden und mussten als Ersatzteilspender herhalten. Vor allem die ab 1974 gebaute zweite Hälfte des kompletten RS 1000-Kontingents wurde aber nur noch ganz zivil im Straßenverkehr bewegt – und überlebte darum bis heute, beispielsweise das hier gezeigte gelbe Coupé der Wartburg-Freunde um den Dornburger Marco Brauer. Es stammt aus dem Jahr 1979 und ist das einhundertste und damit offiziell letzte Exemplar der kleinen Baureihe, die am 21. Dezember 1979 endete.

Wobei jedes einzelne Coupé ein Unikat war – nicht ein einziges dürfte vollkommen identisch mit einem anderen sein. Nicht der Kundenwunsch, sondern die Verfügbarkeit von „Engpass-Teilen" sorgte für die individuelle Note: Sie stammten zum allergrößten Teil von anderen Serien-Pkw aus der DDR und aus befreundeten Ostblock-Ländern sowie aus dem Nutzfahrzeug-Ersatzteilpool. Die von der eigens gegründeten Arbeitsgemeinschaft abgesegnete Grundkonstruktion blieb natürlich unverändert.

An dem Projekt beteiligt waren der ADMV (Homologation), die Berliner Hochschule für bildende Kunst

(Design), das Automobilwerk Eisenach (mechanische Hauptbaugruppen), das VEB Blechverformungswerk Leipzig (Ansaug- und Abgasanlage), die halbstaatliche Dresdner Firma König (Getriebe) und schließlich die H. Melkus KG (Chassisbau, Endmontage). Die Karosserie stellte der Lkw-Produzent VEB Robur-Werke Zittau her. Windkanaluntersuchungen an 1:5-Modellen – die letztlich zum hervorragenden cW-Wert von 0,29 führten – nahm das Institut für Leichtbau (IfL) in Dresden-Klotzsche vor.

Windlauf (leicht geändert), Rahmenblech und Frontscheibe sowie einige Kleinteile (vordere Blinker, Scheibenwischer) stammten vom Wartburg 353. Die Scheinwerfer kamen vom Wartburg 311 / 312, ebenso die Türöffner (erst später vom 353). Das Entlüftungsgitter hinten waren sattsam bekannt als Kühlermaske des Pkw Trabant, die anfangs runden Heckleuchteneinheiten nutzten Traktoren, Lastwagen und Fahrzeuganhänger. Ab Mitte der 70er-Jahre kamen eckige Rückleuchten vom Lada oder vom Skoda zum Einsatz – bei unserem Fotoauto wurden jedoch die Rückleuchten eines Mercedes-Busses 408 D verwendet.

Die Heckscheibe aus Einschicht-Sicherheitsglas steuerte das Ersatzteildepot der Dresdner Straßenbahnbetriebe bei. Alle anderen Fenster bestanden aus Piacryl-Kunststoff – wobei die hier gezeigten Ausstellfenster nachgerüstet wurden. Grund dafür ist die völlig unzureichende Durchlüftung des Innenraums: Die Aerodynamik des Coupés war so perfekt ausgetüftelt, dass selbst bei geöffneten Fenstern die Frischluft außen vorbei zieht. Immerhin handelte es sich dabei schon um Kurbelscheiben, wie sie sich die Fahrer eines Mercedes Flügeltürers sehnlichst gewünscht hätten. Nur einige der auf unglaubliche 510 Kilogramm (!) abgespeckten RS 1000-Rennversionen hatten rundum Plexiglas-Fenster, teilweise sparte man sich hier sogar die Heckscheibe.

Die Flügeltüren werden von MZ-Dämpferelementen gehalten. Sich über die breiten Schweller zu schwingen, erfordert Übung und Gelenkigkeit

Melkus RS 1000

Das unsichtbare Visier

Hauptschalldämpfer im „Panzerfaust"-Design. Gut zu erkennen die Haltebänder an der Hinterachse

Der Bug und das komplett hochklappbare Heckteil des RS 1000 bestanden aus glasfaserverstärktem Polyester; die Form dafür existiert heute noch. Vom Skoda MB 1000 stammten dagegen die Haubenscharniere. Dach und Flügeltüren wurden aus Stahlblech hergestellt, bestanden aber teilweise auch aus Aluminium. Der Telegabeldämpfer eines MZ-Motorrads und die Stoßdämpfergabel des Wartburg bildeten den zweiteiligen Türhalter. Die Bodenwanne war immer aus Aluminium, während die Mittelzelle des Autos in Form eines stabilen Überrollbügels aus Stahlblech gefertigt wurde. Die Achslastverteilung vorn / hinten liegt übrigens bei guten 45 : 55 Prozent.

Rahmen, Radaufhängungen (hinten ergänzt um Haltebänder vom Pkw Trabant, um bei schneller Kurvenhatz die Seitenneigung der Karosserie zu reduzieren) und der leistungsgesteigerte Zweitaktmotor stammen vom Wartburg 353-Fronttriebler. Selbst die Antriebswellen – nämlich jeweils aus zwei Wellen zusammengeschweißte Antriebswellen mit Einfach- statt Doppelkreuz (weil jetzt für die nichtgelenkte Achse eingesetzt) – kamen vom Wartburg.

Auch der Radstand wurde übernommen; während die Spurweiten des RS 1000 Coupés deutlich größer gerieten. Heinz Melkus verlegte dafür die Radschüsseln der serienmäßigen 13er-Stahlfelgen weiter nach außen. Nur für Sportzwecke hatte der Dresdner überdies sehr begehrte 13-Zoll-Aluminium-Räder entwickelt, darin

Macht hoch die Tür – hier treffen der 1979er-RS (Nr. 100) und ein Exemplar von 1977 (Nr. 82) aufeinander

eingegossen waren die Ringe der stark verrippten Bremstrommeln.

Statt der Ende der 60er noch üblichen Einkreis- kam im RS 1000 eine Zweikreis-Bremsanlage zum Einsatz – gebildet mittels zweier Trabant-Hauptbremszylindern. Bei dieser Konstruktion blieb es auch, als optional die vorderen Scheibenbremsen des Polski-Fiat 125 p und – ab 1974 – die Scheiben vom Wartburg 353 W zur Verfügung standen. Serienmäßig saßen 155 SR 13-Pneus auf den Rädern, nachgerüstet wurden später breitere Schlappen bis hin zu den abgebildeten 205/60 R 13 vorn / 225/60 R 13 hinten. Noch breitere und größere Reifen hätten nicht mehr in die Radhäuser gepasst.

Beim Fahren ist Vorsicht geboten: Die breiten Pneus folgen jeder Unebenheit und erschweren so den Geradeauslauf. Die vom Wartburg 353 stammende Lenkung ist zwar brutal direkt, aber wegen der geringen Masse vorn, die bei hohem Tempo ein Wegdriften der Front verursachen kann, und wegen des von hinten kräftig schiebenden Motors muss der Pilot ständig die Richtung nachkorrigieren. Schnelle Kurven meistert das Coupé verblüffend lange neutral. Lupft man plötzlich das Gas, unterbleibt zwar jede Kopplung mit dem in allen Gängen durch Freilauf getrennten Motor – aber der hecklastige Wagen beginnt zu übersteuern und dreht schlimmstenfalls sogar eine Pirouette.

Der drehfreudige Dreizylinder sitzt in Mittelmotorlage vor der angetriebenen Hinterachse; über einen Waschmaschinen-Keilriemen wird die ausschließlich verbaute Gleichstrom-Lichtmaschine angetrieben. Die drei 28er- und später 30er-Vergaser von BVF (später auch von Jikov) taten üblicherweise Dienst in MZ-Motorrädern, insbesondere in der 250-cm^3-Sport-Enduro. Der Original-Wartburg hatte dagegen nur eine 38er- und später eine 40er-Gemischfabrik. Dazu kam ein eigens entwickelter Doppelauspuff, der schon bald einem voluminösen Hauptschalldämpfer aus dem Motorboot-Sport („Panzerfaust") weichen musste.

Das optimale Resonanzverhalten des 70-PS-Motors liegt zwischen 3000 und 3500 Touren passgenau im Bereich des maximalen Drehmoments. Weil der Innenraum nicht geräuschgedämpft ist, wird's aber bei höheren Drehzahlen um 6000 Touren extrem laut. Kaum vorstellbar, dass die Rennmotoren sogar über

Melkus RS 1000

Das unsichtbare Visier

Kompromisslose Fahrmaschinen: Unter der flachen Frontpartie des Coupés befindet sich der vorgeschriebene „Kofferraum" – er misst gerade 60 x 40 x 20 Zentimeter. Zu DDR-Zeiten rollten die Wettbewerbsautos auf eigener Achse zu den Rennen

8000/min drehen! Elastisch war der Motor keineswegs, Leistungsfetischisten – denen die bei scharfer Fahrweise deutlich über 12 Liter „VK 88" (Vergaserkraftstoff Normal) Verbrauch nichts ausmachen – sind angesichts des schmalen Drehzahlbands zweitakttypisch ständig am Gangwechseln. Wer es gemütlicher angehen lässt, kommt dagegen auch mit unter 8 Liter/100 km aus.

Die im RS 1000 verbaute Fünfgang-H-Kulissenschaltung leistet schnellen Gangwechseln gern Vorschub. Sie basiert auf einem hinter der Hinterachse platzierten Wartburg-Vierganggetriebe (darüber sitzt üblicherweise das Ersatzrad), dessen Gehäuse und Wellen um fünf Zentimeter verlängert wurden. Die fünfte Schaltstufe liegt nun gegenüber dem Rückwärtsgang: Wer aus dem Vierten hochschalten will, muss mit viel Gefühl die Ebene des ersten / zweiten Gangs kreuzen. Die robuste Kupplung kam aus dem Barkas B 1000. Und der Schaltknüppel stammt aus dem sowjetischen Kleinwagen Saporoshez.

Unter der flachen Frontpartie der Originalfahrzeuge sitzt der vorgeschriebene Minimal-Kofferraum. Mit 60 x 40 x 20 cm ist er so klein, dass gerade mal eine Erika-Reiseschreibmaschine und ein Aktenordner darin Platz finden. Der Tankstutzen befindet sich beim hier gezeigten Auto rechts gleich hinter der Tür, veränderte aber im Laufe der Fertigungszeit mehrfach seine Position: Anfangs hockte er ganz hinten, dann gab's getrennte Stutzen auf jeder Seite; Mitte der 70er-Jahre wanderte die Einfüllöffnung in den Bug. Dort thronen überdies Batterie und 12-Volt-Elektrik, Waben-Flachkühler (vom Berliner Spezialkühlerbau Henke), Heizung / Gebläse und Scheibenwaschanlage. Sehr breite Schweller – unter deren Abdeckung sich je ein 30-Liter-Tank pro Seite verbirgt – beengen den Innenraum enorm. Immerhin kommen sich so Fahrer und Beifahrer(in) näher, als ihnen vielleicht lieb ist. Dominiert ist das eher kärglich ausgestattete Interieur von einem kleinen, steilstehenden Dreispeichen-Holz- oder Alu-Lenkrad (stammt aus einem Motorboot) und übersichtlichen Rundinstrumenten (Tachometer bis zu optimistischen 250 km/h, Drehzahlmesser bis 8000/min) im neuentwickelten Instrumententräger. Die meisten Bedienknöpfe und -schalter bis hin zur Pedalerie stammten vom Wartburg, Tacho und Drehzahlmesser waren Spezialanfertigungen für den Rallyesport. Die vier Meter lange Tachowelle fertigte Melkus selbst.

Selbst die Einbaumöglichkeit für ein RFT-Autosuper-Radio besteht – und dies trotz des eingetragenen

Daten & Fakten: Melkus RS 1000

▶ **Motor:** Dreizylinder-Reihenmotor (Zweitakter) vor Hinterachse; Hubraum 992 cm³; Bohrung x Hub 73,5 x 78 mm; Leistung 70 PS bei 4500/min; max. Drehmoment 118 Nm bei 3500/min; Verdichtung 8,3 : 1; vierfach gelagerte Kurbelwelle; drei Zentralschwimmer-Fallstromvergaser BVF 28 / 30 N; Wasserkühlung (Pumpenumlauf, 8 Liter); Batterie 12V 42 Ah; Gleichstrom-Lichtmaschine 220 W.

▶ **Kraftübertragung:** Heckantrieb, vollsynchronisiertes König-Fünfganggetriebe (I. 3,679; II. 2,160; III. 1,347, IV. 0,906; V. 0,794; Antriebsübersetzung 4,222; abschaltbarer Freilauf in allen Gängen) hinter Hinterachse, Knüppelschaltung; Einscheiben-Trockenkupplung.

▶ **Karosserie/Fahrwerk:** Kastenrahmen und Fahrgastzelle verschweißt, Kunststoff-Karosserie angeschraubt; Einzelradaufhängung vorn mit Doppelquerlenkern, Schraubenfedern und Teleskop-Stoßdämpfern, hinten mit Schräglenkern, Schraubenfedern, Teleskop-Stoßdämpfern und Querstabilisator; Zweikreisbremsanlage (zwei Hauptbremszylinder, Trommeln), vorn optional Scheiben; 155- oder 165 SR 13-Reifen auf 6 J x 13-Rädern; Zahnstangen-Lenkung.

▶ **Maße/Gewichte:** Länge / Breite / Höhe 4000 / 1700 / 1070 mm; Radstand 2450 mm, Spurweite v/h 1340 / 1380 mm; Leergewicht 690 kg; zul. Gesamtgewicht 940 kg; 2 x 30 Liter Kraftstofftank (unterhalb der Flügeltüren).

▶ **Fahrleistungen/Verbrauch:** Höchstgeschwindigkeit 165 km/h; 0 - 100 km/h in 14,0 s; Verbrauch 7 - 13 Liter (Öl-Kraftstoff-Mischung 1 : 33) /100 km.

▶ **Bauzeit/Stückzahl:** 1969 - 1979, 101 Exemplare.

Melkus RS 1000
Das unsichtbare Visier

Kein RS 1000 ist identisch mit einem anderen. So gab es sowohl runde als auch eckige Heckleuchten

Innengeräusches von unglaublichen 93 dB(A). Sehr knapp geschnittene, kaum gepolsterte Schalensitze sorgen für größtmöglichen Seitenhalt und signalisieren: Dieses Auto ist nichts für gemütlich cruisende Warmduscher. Statt der serienmäßigen Dreipunkt-Statikgurte rüsteten die meisten RS 1000-Eigener ihr Auto später mit Drei- oder gar Vierpunkt-Automatikgurten wie im hier gezeigten Wagen nach. Ein Stilbruch sind die aus einem Lada stammenden Armstützen, die einen Hauch von Komfort vorgaukeln.

Das Feeling des Fahrzeugs sagt freilich mehr als tausend Worte. Dank minimalen Gewichts bringt es sehr beachtliche Fahrleistungen und extrem viel Spaß. Sein ungefilterter Sound geht durch und durch: Eigner Marco Brauer ist regelrecht süchtig danach und versteht das akustische Inferno in seinem Renner als sportliche Lebensäußerung.

Aber auch sein Melkus RS 1000 bleibt den größten Teil des Jahres unsichtbar der Straße fern und gerät nur selten ins Visier zufällig des Weges kommender Beobachter. Das ostdeutsche Coupé zählt heute zu den Exoten, die noch rarer sind als ein Ferrari, Maserati oder Aston Martin. Eigentlich wäre es an der Zeit, ihn in einem Autoquartett zu verewigen, auch wenn seine Leistungswerte nicht ganz an die der westlichen Konkurrenz heranreichen ...

Museen und Sammlungen

Ein Kessel Buntes

Automobilmuseum August Horch,
Walter-Rathenau-Str. 51, 08058 Zwickau
Tel. 0375-332 38 54

Das gegen Ende der DDR-Zeit errichtete Museum wurde im Mai 1990 eröffnet. Es ist heute ein Gemeinschaftsprojekt von Audi Ingolstadt und der Stadt Zwickau. Auf 1000 m² auf zwei Etagen werden hier Fahrzeuge aus der Geschichte der Auto Union mit den Marken DKW, Audi, Horch und Wanderer sowie aus der erstaunlich vielfältigen Nachkriegsfertigung präsentiert – insgesamt sind auf zwei Stockwerken 46 Autos der Baujahre 1916 bis 1991 zu besichtigen.

Zu den neuerworbenen Exponaten gehört ein Horch 920 S mit 75-PS-Sechszylinder von 1947, der noch jahrelang in Neustrelitz gefahren wurde. Zu sehen ist auch der vermutlich älteste Audi der Welt – ein A 10/22 PS von 1910. Aber auch technische Highlights wie der V16-Rennmotor der sächsischen Silberpfeile oder Wankel-Versuchsmotoren aus den 60er-Jahren können bestaunt werden.

Die Fertigung des Pkw Trabant wird belegt durch eine Pressmaschine für die Kunststoffteile. Schautafeln und Grafiken erläutern die historischen Hintergründe. Erinnerungsstücke an August Horch bis hin zu dessen Schreibtisch finden sich in einem Extraraum. Ein Förderverein unterstützt tatkräftig die Arbeit des Museums. In Vorbereitung ist eine Neukonzeption des gesamten Hauses unter Nutzung denkmalgeschützter Gebäudeteile wie des alten Pförtnerhauses aus der Horch-Zeit.

Öffnungszeiten: Dienstag bis Donnerstag 9 bis 17 Uhr, Freitag bis Sonntag 10 bis 17 Uhr, Eintritt 3 Euro (erm. 2 Euro).

Museum für sächsische Fahrzeuge,
Wasserschlossweg 6
09221 Chemnitz-Klaffenbach
Tel. 0371-260 11 96

Das 1990 eröffnete private Museum im Süden von Chemnitz zeigt Zwei-, Drei- und Vierräder vor allem aus sächsischer Fertigung. Den Hauptteil der über zwei Stockwerke verstreuten Sammlung bilden Motorräder. Unter den automobilen Exponaten sind einige IFA F8 und Trabant, aber auch ein Wartburg 353 mit Gasturbinenantrieb.

Öffnungszeiten: Dienstag bis Sonntag 10 bis 17 Uhr, April bis September an Wochenenden bis 18 Uhr, Eintritt 3 Euro (erm. 1,50 Euro).

Automobilbau Museum Eisenach,
Rennbahn 6-8, 99817 Eisenach
Tel. 03691-77 212

Von 1967 bis 1994 zeigte das Automobilwerk Eisenach seine Sammlung im Pavillon auf der Wartburgallee. Dann kam die von der Stadt Eisenach betriebene Ausstellung in der Sparkasse Wartburgkreis an der Rennbahn 8 dazu. Wegen des schlechten baulichen Zustands des Pavillons, ungeklärter Besitzverhältnisse und ungenügender Sicherheit der Exponate dort musste die Sammlung ganz in die Ausstellung unmittelbar vor den Toren des ehemaligen Werks umziehen. Hier ist jedoch auf 120 m² nur Platz für neun Fahrzeuge aus der 100jährigen Geschichte des Werks. Sehr viel mehr Autos befinden sich im Fundus, den die Stadt und der Anfang der 90er-Jahre gegründete Förderverein besitzen – rund 70 davon warten darauf, bald wieder gezeigt zu werden. Dazu gibt es zwei hoffnungsvolle Projekte: Zum einen will die Stadt Eisenach bis zum Jahr 2003 in der denkmalgeschützten Forschungs- und Entwicklungs-Halle O2 auf dem früheren AWE-Gelände ein neues Museum (Arbeitstitel Automobile Welt Eisenach) eröffnen, das etwa 20 Autos präsentieren soll. Dazu wird ein auch für Besucher begehbares Fahrzeugdepot gehören. Zum anderen beabsichtigt der Förderverein anlässlich seines zehnjährigen Bestehens die Eröffnung einer Schau-Werkstatt in der ehemaligen Ostkantine. Beide Projektbauten befinden sich in Rufweite der heutigen Museumsausstellung.

Öffnungszeiten: Dienstag bis Sonntag 10 bis 17 Uhr, Eintritt 2,10 Euro (erm. 1 Euro).

Automobil- und Zweiradmuseum Suhl, Meininger Str. 222, 98529 Suhl
Tel. 03681-70 50 04

Das Museum befindet sich im Simson-Werk (Richtung Meiningen), wo nach einer Durstphase wieder Zweiräder hergestellt werden. Gezeigt werden ausschließlich regional bedeutsame Fahrzeuge, vor allem Zweiräder aus dem Jagdwaffen- und Fahrzeugbau Suhl. Zur Kollektion gehören aber auch ein Simson Supra SO (1925) und zwei Autos aus der Sammlung von Paul Greifzu (BMW 328 und BMW-Monoposto). Außerdem sind ein IFA F8, ein F9, zwei Wartburg 311 und ein Sport 313/1 zu sehen.

Öffnungszeiten: April bis September Dienstag bis Sonntag 9 bis 17 Uhr, Oktober bis März Dienstag bis Sonntag 10 bis 16 Uhr, Eintritt 3 Euro (erm. 2 Euro).

Verkehrsmuseum Dresden, Augustusstraße 1, 01067 Dresden
Tel. 0351-86 440

Das 1952 gegründete Museum mitten in der alten Dresdner Innenstadt basierte ursprünglich auf der Kollektion des Sächsischen Eisenbahnmuseums von 1877. Das heutige Landesmuseum beinhaltet Straßen- und Eisenbahnen, Ausstellungsstücke aus dem Luft- und Schiffsverkehr, dem Postwesen sowie dem Stadt- und Straßenverkehr. Seit 1962 befindet sich eine Kraftfahrzeugausstellung im 300 m² großen Lichthof. Neben diversen Motorrädern, Nutzfahrzeugen und kleineren Exponaten werden ein Dutzend Autos präsentiert, davon die Hälfte Personenwagen aus DDR-Fertigung. Besonders sehenswert sind zwei Unikate – der Wartburg 355 von 1968 und der Trabant 1100 von 1979. Ein zur Sammlung gehörender 1,5-Liter-EMW-Rennwagen steht ebenfalls in der Ausstellung.

Öffnungszeiten: Dienstag bis Sonntag 10 bis 17 Uhr, Ostern und Pfingsten auch Montag geöffnet, 24./25. und 31. Dezember geschlossen; Eintritt 3 Euro (erm. 1,50 Euro).

Oldtimerhof Dornburg, Apoldaer Straße 5, 07778 Dornburg
Tel. 036 427-22 312

Eine Kollektion von 15 Autos (vom Dixi über verschiedene Wartburg-Modelle bis zum Melkus RS 1000), weiteren 10 Motorrädern sowie diversen Accessoires hat die Wartburg IG Dornburg in einer ehemaligen Schweinemastanlage wenige Meter nach dem Ortsausgang Richtung Zimmern zusammengetragen. Die Gebäude werden peu à peu ausgebaut, um weitere Ausstellungsfläche für die überaus ambitionierte Privatsammlung fertigzustellen. Der Oldtimerhof am Rande des bekannten Ortes nördlich von Jena ist dank des davor stehenden Straßenbahn-Triebwagens (!) nicht zu übersehen. Jedes Jahr im Juni treffen sich Wartburg-Fans auf dem Sportplatz in Dornburg zum wahrscheinlich größten Wartburg-Treffen der Welt.

Öffnungszeiten: nur am Wochenende und nur nach telefonischer Vereinbarung, Eintritt nach Belieben.